顾先生秉承了紫砂真正的值得人们重新去审视的文化工艺的精神价值。他深知自己所做的壶有别于历史背景下的茶具从陈继儒、时大彬、陈鸣远、陈曼生到邵大亨这样一个文人紫砂器的脉络中，他用一身的不妥协来坚守着这来自源头的清泉，继承了文人在茶思想、茶审美中孕育出来的那种理想的高雅。

Mr. Gu had a strong belief in the spiritual value, which was worth reviewing in the culture and craftsmanship of purple clay. He knew, from the bottom of his heart, his teapots stood out against the historical background, because he always followed his heart and earnestly pursued noble ideals cherished by numerous literati like Chen Jiru, Shi Dabin, Chen Mingyuan, Chen Mansheng and Shao Daheng. Their perseverance in purple clay teapots started from the meditation on and appreciation of tea culture and has taken hold ever since.

"我有不会说话的东西"，话语中也显露出他对自己的紫砂壶制作工艺本身的自信，也即是俗话所说的"功"。顾先生的"功"，其一是在"行"（流俗）与"尚"（高雅）之间的鉴别和落实（即认识和实践两方面）；其二是对于工具的制作及工艺操作（工序）的合理性，有着极深的研究与丰富的经验积累。在顾先生看来，学好制作工具，这苛严的练习，是日后工艺上流畅表达的前提。

"I have something that never talks." Those words indicate Mr.Gu's confidence in his craftsmanship, or skill. His works were a perfect combination of popularity and elegance by reaching the optimal balance between appreciation and application (or realization and practice). He gained a wealth of experience in the deliberate research on tool-making and crafting process, since free and smooth craftsmanship was no fluke. Instead, it depended on harsh training for making tools.

顾先生的造型能力的形成，不仅在于天赋聪慧，还在于后天的不断学习——向古人学、向书本学。他曾说，自己是向上（过去）看 100 年。这向上数 100 年，我们可以看到的正是他一生最为崇拜、作为紫砂事业楷模的清末紫砂大家邵大亨。

Mr. Gu's superior modeling ability was more than talent. He devoted all his life to drawing on lessons from previous generations and books. He once said that the past century had been the most rewarding, during which it was Shao Daheng, a master of purple clay teapots in the late Qing Dynasty, that he admired most as a role model.

顾先生一生爱好读书，使他成为工艺家中的文化人、文化人中的工艺家。在他做陶生涯中，划定了自身作品作为文人"茶器"——文化的工艺，这个清晰的界限。作品无论形体多么变化，总能回到"茶之用"这个原点上，而不脱离本质。顾先生对紫砂壶在"茶事活动"这一充满文人理想的空间里所担当的主役角色，有着深刻的认识。蕴含着儒、道、释广博深远文化的"茶事"，令人油然产生敬意。反映在顾先生的紫砂壶中就是一种"虔诚"，一种精神内涵和意境；落实到作品上，是一生孜孜以求的一种"天成"的境界。而最终，顾先生的领悟和实践使他的紫砂器已然超越了工艺美术。

Mr. Gu loved reading throughout his life. Reading blurred the distinction between craftsmanship and culture whereby two identities of craftsman and literatus rooted deeply in his heart. He was committed to "teapots for literati", or rather, "craftsmanship of culture". Teapots are used to make tea, no matter how they look. They therefore take a central place in tea ritual, an ideal world carved out by literati. That world is venerable, because it is a nexus of broader culture involving Confucianism, Taoism and Buddhism. Out of such profound understanding, Mr. Gu pursued an artistic conception or a spiritual realm called "nature" by pouring devoutness into teapots. His realization and practice eventually pushed teapots beyond handicrafts.

顾先生的"不会讲话的东西"里承接了明代文人工艺的那种精神气脉，这好比是中国工艺的遗传码，在我们当下的时代将会有极大的作用。顾先生"不会讲话的东西"里也记述着这巅峰的文化之工艺与工艺之文化。大浪淘沙，真的艺术是永远不会消亡的，随着时间的推移只会愈来愈发出光辉。

"I have something that never talks." By saying so, Mr. Gu carried on the spirit of literati in the Ming Dynasty. That spirit, as genetic codes of Chinese craftsmanship, will play a bigger role in our society. Craftsmanship and culture were intertwined together in what Mr. Gu called "something that never talks". The flow of history will wash away anything but true arts, left to shine more brightly as time passes.

摘选本书《第三章／艺术成就》
高英姿（南京师范大学美术学院陶瓷研究所所长、教授）

An Excerpt from *chapter three:artistic achievement*
by Gao Yingzi, a professor of Fine arts and head of Ceramics School,Nanjing Normal University

格物致知　规矩方圆
Get insights by looking inside things.
Everything goes by a set of rules.

顾景舟在紫砂业内有一句人人知道的名言，叫作"没有规矩，不成方圆"。所谓的规矩就是顾景舟通过自己的实践，从代代相传的传统中领会、理解了这些法则，同时又融合进自己所思所悟的心法紫砂工艺中悟出的一整套工艺法则和规范。
"Everything goes by a set of rules." Mr. Gu always reminded people of how crucial rules were. Fusing traditional rules with his own ideas and feelings through practice— that's how he developed norms and standards of purple clay craftsmanship.

顾景舟学习钻研非常深入，他认为只有从合理的工艺法则中生发出的创作作品，才能自然达到理想的形式和要求。因此，在顾景舟的一生中，研究和创作总是在同时进行着，他对紫砂传统工艺的研究和传承是他艺术成就不可分割的一部分，他的研究主要有以下几个方向：
Beyond creation, Mr. Gu dug deep into craft rules all life long for craftsmanship was impossible without sensible rules. The research on and inheritance of classical craftsmanship were an integral part of his artistic accomplishment. His research covered the following aspects.

研究工艺流程　　顾景舟非常重视紫砂工艺上合理的节奏，如何在短时间内做出大批量高质量的壶，顾景舟也总结出了自己的一套流程。在他的提炼下，紫砂壶制作的工艺流程更为合理，也能多、快、好、省。而他后来把这些合理的工艺手法和经验总结为一种行业的工艺规矩来教育下辈艺人，培养艺徒。（详见本书 30—33 页）

工作照
Work photo

Crafting process   Mr. Gu took reasonable craftsmanship very seriously. He orchestrated a full process for mass-crafting quality teapots within a short time and worked on improving that process to achieve greater, faster, better and more economical results. Moreover, he systemized norms and standards for the industry of purple clay based on all valuable techniques and experience to guide craftsmen and train apprentices.(See page 30–33)

研究工具原理和改进   他对于紫砂工具的原理和制作要求很高，其中"做工具"就是基本功之一。紫砂各个品种样式都要制作相应的工具，所有的工具都是亲手制作，要求合理好用。顾景舟认为要做好茶壶，先要懂得做工具。顾景舟一脉的艺人，他们制作茶壶的工具也成为区别于其他流派艺人的工艺特色之一。（详见本书34—50页）

How tools work and where to improve   Mr. Gu was meticulous about making tools, a must-do for crafting purple clay teapots. Tools should be hand-tailored to each kind of teapot to ensure effectiveness and reasonability. Mr. Gu and craftsmen who followed in his footsteps set themselves apart from others for tools they made.(See page 34–50)

顾景舟使用过的部分工具
Tools used by Mr. Gu

徐汉棠学徒时的矩车
Juche used when Xu Hantang as a student

木转盘
Wooden rotary table

木拍
Wooden paddle

自制的水笔
Handmade pen

复只
Fu zhi

篦只
Bi zhi

鳑鲏刀、铁尖刀
Pointed knives

壶嘴内用工具、复只、完底石
Fu zhi, the tool to make teapot spout,and the
stone to perfect the bottom of the teapot

提璧壶专用勒只
Tool to make flat round teapot

研光皮革和完盖竹片
Leather and bamboo slice

研究紫砂原料和烧成工艺　对紫砂泥料的选择和处理，顾景舟也深有研究，在《宜兴紫砂工艺陶》一文中，总结红泥（朱砂泥）、紫泥、团山泥（本山绿泥）这三种基泥的各种色调区别。除推敲紫砂色调外，紫砂的质感肌理也可以细分，可以调配。而顾景舟通过自己对茶文化历史的研究，结合紫砂的物理性能，也证实了"砂泥制成的宜兴紫砂壶成为大家公认的最为理想的注茶器。对于紫砂材料的宜茶性明确地做了肯定，并且在自己的技艺实践中，运用工艺手法，根据泥料的特性，使紫砂作为茶器的优良性能发挥到极致。（详见本书 52 页）

Raw materials and firing techniques　Mr. Gu was interested in the selection and processing of clay as well. In his article *Purple Clay Craftsmanship of Yixing*, he detailed different colors of three main kinds of clay—red clay (or vermilion clay), purple clay and tuanshan clay (a kind of green clay mixed with purple clay). Purple clay also varies in texture, which is changeable by craftsmen at discretion. By studying the culture and history of tea, Mr. Gu proved that Yixing teapots made from sand and clay were the best for making tea, a blessing endowed especially by physical properties of purple clay. He thought highly of purple clay teapots and gave full play to them in tea-making through suiting techniques to properties of each kind of clay.(See page 52)

研究紫砂传统造型法则　对于传统经典名作，可以说顾景舟是烂熟于心，在仿制古器和教授弟子的过程中，又不断悟其精髓，尤其潜心总结紫砂工艺技法与造型传统的共生关系，做到在遵循传统工艺法则和传承传统造型艺术的基础上，推陈出新，创作出在历史长河中有一席之地的佳作。

在研究传统造型和工艺的基础上，他对于紫砂这门古老工艺的造型"创新"提出了自己的见解，通过历时半个多世纪的探索和不断总结，认为壶艺创新要注意三个要素。其一是形，即壶的形象，也就是形状式样。这来源于对造型的熟习深度，取决于自己的精心设计，作品之形，已经具有了生命。其二是神，即壶的神韵，也就是通过形象表达散发出的情趣，这种形象具有一种强烈的内在冲动，这样的艺作就具有了生命，就有了神。其三是气，即壶的气质，也就是形象内涵的实质性的美的素质。壶艺的创新如能做到形、神、气三者融会贯通，方可称为佳作。（详见本书 53 页）

Traditional rules on modeling purple clay　Mr. Gu didn't just know literature classics thoroughly by heart, but also intensified understanding of their quintessence while emulating ancient artifacts and mentoring apprentices. Having been bent on exploring the bond between purple clay techniques and traditional modeling, he drew inspirations from the past to make innovations and craft immortal masterpieces.

As influenced by traditional modeling and craftsmanship, Mr. Gu hammered out ways to remodel purple clay teapots through more than half a century of exploration and reflection. He focused on innovation of three key elements. Shape comes first, since it gives life to a teapot. How brilliant a craftsman at modeling and designing is crucial for an exquisite shape. A second element is verve, the artistic charm which finds expression in the shape. This is inner excitement—so strong that makes the teapot glow with vim and vigor. The last is the air emanating from the teapot, whose shape and spirit embody true beauty. A masterpiece should incorporate innovations of these three elements.(See page 53)

研究紫砂艺术的科学原理　　顾景舟还潜心研究陶瓷艺术问题、造型研究，研究讨论古陶和紫砂陶历史沿革，探讨紫砂工艺和其他陶瓷科学，尝试新技术用在新产品上等等。格物致知、推究原理的严谨态度，既是一个科学实证的治学态度，更是一个工艺人的态度。顾景舟在自己的艺术实践中做到了，他的态度和理念也影响了整个紫砂行业。在这个意义上，顾景舟历史性地提升和丰富了紫砂工艺的文化内涵。"格物致知，规矩方圆"，是这位工艺大师留下的宝贵的工艺遗产。（详见本书 57 页）

Scientific principles of purple clay craftsmanship　　Mr. Gu's career was never short of research. In fact, it expanded into areas like ceramic art and its modeling, the historical evolution of antique pottery and purple clay pottery, purple clay craftsmanship and ceramic science as well as the application of innovative techniques to new handicrafts. Scientist or craftsman, one should be scrupulous about how things work, just as a saying goes, "Get insights by looking inside things." Mr. Gu honored those words in his artistic practice and set an example to the industry of purple clay with his attitudes and concepts. Therefore he historically elevated and enriched the cultural connotation of purple clay craftsmanship. The legacy he has left is that insights are acquired by looking inside things, and that everything goes by a set of rules.(See page 57)

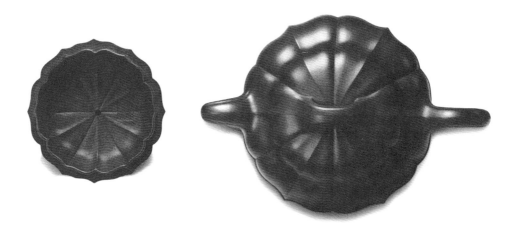

《菱花线圆壶》
Round shaped teapot with water-chestnut flower

文化心绪 融于工艺

Feelings about culture—integrated with craftsmanship

顾景舟是一个文化人，更是一个性情中人，其文化和性情又都在他为之努力一生、虔诚对待的紫砂工艺领域中交融。他的文化心绪，凝结在他所创造的一件件作品中，也凝结在研究紫砂历史文化的一篇篇文字中。

Mr. Gu was a literatus, living a life true to himself. His personalities and cultural background were blended in total harmony into the craftsmanship of purple clay for which he strived all his life with devoutness. His feelings about culture were assimilated into teapots he crafted and researches he wrote on the history and culture of purple clay.

生活艺术 他成名早，一生又好学不倦，心气极高，在生活中，他沉醉于自己完整的世界中，无论做什么都精益求精。"活到老学到老"是他经常说的一句话。年轻时，他自学英文、化学。晚年，他都每天坚持晨起后练习小楷，读书看报。（详见本书58页）

Art of living Although famous in his younger days, Mr. Gu dedicated his life to learning with higher ambitions. He lived in his own world and unremittingly sought the best of the best. It was never too old to learn; and he meant it. When he was young, he taught himself English and chemistry; and late in his life, he would practice calligraphy, read books and newspapers every morning.(See page 58)

镌刻与用印 顾景舟的人文气质也充分地融入他的生活中。对于用印，他早就是个有心之人。顾景舟二十世纪三四十年代来往于上海与宜兴时，将画家的书画铭刻于他的壶上，珠联璧合，独具风采神韵。刻章用于壶上以寄性情、表明志趣、述说自况、寄托情趣……包括将"洲"更改为"舟"，处处见到用印的意义。而且顾景舟印章在壶上的位置和大小也都有讲究，这在紫砂行业是前所未有，同时，他自己对于陶刻也十分投入，在镌刻和用印上的用心，反映出顾景舟对于紫砂壶上表现工艺家个体的符号——印章的一种认识和态度，也反映出他异常强烈的人文意识。（详见本书 59 页）

Engraving and seal affixing Mr. Gu's humanistic consciousness fully permeated his life. As early as 1930s and 1940s, when travelling between Shanghai and Yixing, he engraved calligraphy and paintings on his teapots to create a distinctive esthetic value. He was also definite about how to express sentiment, aspiration, feelings and tastes through a seal on the teapot. That he changed one character in his name from " 洲 " into " 舟 " (both are pronounced "zhou") demonstrated his special attention to seals. Like no other before, Mr. Gu was concerned with proper use of seals, for example, where to affix a seal and how big the seal should be. His devotion to seal affixing and engraving, including ceramic engraving was a testament not only to his thoughts and views of seals—marks exclusive to each teapot, but more importantly, his powerful humanistic consciousness.(See page 59)

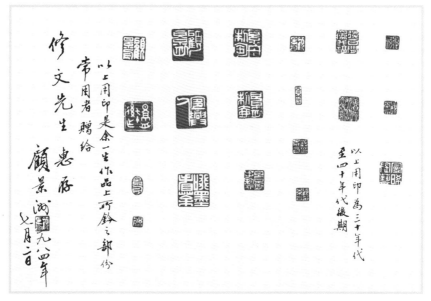

顾景舟印章图片
The Photo of Mr. Gu's seal

以文气入壶 悟道升华   正因为顾景舟高深的人文修养，吸引了很多当代艺术文化大师与之深交。在与他们的交往中，顾景舟认识到了石瓢壶的历史传承以及文化气息，他要用自己的技艺来创造新的文化意境，还要用悟到的文化意境来创造新的石瓢壶，石瓢壶显然成为年轻的顾景舟悟道升华之作。顾景舟对这个历史上的经典之作，进行顾氏化的处理和改变。工艺之"文气"与书画镌刻之"文气"一拍即合，工艺技艺、造型形态与书画镌刻之间达到了平衡和贯气，石瓢壶因此成为紫砂艺坛的典范之作，石瓢壶也成为顾景舟悟道升华、儒雅秀润风格形成的标志。正是制作石瓢壶的这一年，

《石瓢壶》
Shipiao teapot

他更将名字"洲"改为"舟",意为"艺海一舟",他曾经解释过:艺海一舟,就是让自己的命运随着艺海的一舟而搏击,永不停息、勇往直前。同时,艺术之博大精深也让他感到需要努力奋进。

顾景舟终其一生,研究紫砂历史与文化,孜孜不倦追求艺术意境。他在反复研究古籍与文献的基础上,重视考古勘察,以及实物的对照研究。晚年撰写的《紫砂陶史概论》一文对于紫砂工艺的发展和成长做出了判断,也为紫砂工艺文化的研究做出了贡献。

（详见本书 60—67 页）

《石瓢壶》拓片
The rubbing of Shipiao teapot

Culture in teapots, enlightenment in minds   It was Mr. Gu's profound cultural accomplishment that attracted quite many contemporary masters of art and culture. When making friends with them, Mr. Gu realized the historical evolution and cultural connotation of Shipiao teapot, and set about creating a brand-new cultural conception with his craftsmanship to refine Shipiao teapot. He managed to reinvent such classic work as a masterpiece in the world of purple clay teapots in his own ways. As culture of craftsmanship hit it off with that of engraving, the teapot was in a delicate balance among techniques, modeling as well as engraving of calligraphy and paintings. Shipiao teapot featuring elegance and gentleness was the fruit born when Mr. Gu enlightened his mind at an early age. To make up his mind, he changed one character in his name from " 洲 " into " 舟 " (meaning a boat in Chinese) in the year when he crafted Shipiao teapot. Surrounded by the vast ocean of art, he had no choice but to turn himself into a boat, cleaving through the waves until he reached the infinite.

Mr. Gu spent all his lifetime studying the history and culture of purple clay in tireless quest of artistic conception. Archaeological surveys and comparative studies of real objects for him were as important as ancient documents, if not more important than them. *An Introduction to Evolution of Purple Clay Teapots* he wrote in his late years shed new light on the craftsmanship and culture of purple clay by taking stock of past achievements and pointing to future directions for the craftsmanship of purple clay.(See page 60–67)

搜集、鉴赏和著述   顾景舟还很重视对紫砂历史名作的搜集, 改革开放后他将厂里的陶瓷陈列室成为紫砂历史上第一个完整的艺术馆。1981 年, 应香港市府特邀参加亚洲第六届艺术节将紫砂艺术传播到海外。在紫砂文化研究中,他还注重传授和教育的工作, 带领学生一起完成了《紫砂小传》《紫砂陶造型设计》《紫砂生产工艺篇》《宜兴紫砂珍赏》《紫砂名陶典籍》, 每本都浸透了老人的关爱和心血。(详见本书 67—68 页)

Collection, appreciation and composition   Mr. Gu had an extensive collection of purple clay masterpieces left by history. After China's economic reform and opening-up, he forged the pottery showroom in his workshop into an art gallery without parallel in the history of purple clay. When attending the 6th Asian Arts Festival at the invitation of the Hong Kong government in 1981, he took that gold-medal opportunity to captivate the world amid charisma of purple clay. Mr. Gu was a researcher, and even a mentor. Every book he wrote with his apprentices, such as *Introduction to Purple Clay Teapots*, *Modeling Design of Purple Clay*, *Techniques for Crafting Purple Clay Teapots*, *Appreciation of Precious Yixing Teapots* and *Compilation of Famous Purple Clay Teapots*, spoke to his dedication and diligence.(See page 67–68)

当时的紫砂工艺厂陈列馆照片
The photo of purple clay factory

1990 年，顾景舟与香港收
藏家罗桂祥先生合影
The Photo of Mr. Gu and
the Hongkong collector, Luo
Guixiang,taken in 1990

《宜兴紫砂珍赏》
*Appreciation of Precious
Yixing Teapots*

揣摩与仿古　　他对紫砂艺术的这些研究,使得他选择的仿古作品的样式和品种都是在紫砂发展历史上有着标杆作用的作品。基于对紫砂发展成长工艺之成熟过程的研究,以及自己的仿制和揣摩心得,转而传授给了下一代紫砂艺人,使这一艺术文化传统得到真正的传承。因此,他于历史的研究,最终归于工艺的本体,活化成为技艺和作品。

Reflection and emulation　　Mr. Gu's artistic research was the reason why he chose to emulate artifacts which had impressed history with iconic styles and types. He passed on the craftsmanship of purple clay to the next generation by teaching them all he had figured out in the research and emulation. His study of history centered around craftsmanship, which was clearly visible in techniques and works.

顾景舟在古窑堆积现场
Mr. Gu on ancient kiln sites

顾景舟在考古现场
Mr. Gu on the
archaeological site

顾景舟与高海庚、张志澄
Mr. Gu with Gao Haigeng and
Zhang Zhicheng

做壶、做人之格调　顾景舟对于紫砂器的艺术格调,也有自己的认识,并且在传授教习中推而广之,使紫砂确立起自己的评判体系。在做壶与做人上,顾景舟都极其认真,他一生保持着每器必精的原则,既有文人的狷介和耿直,也有自己的为人格调。顾景舟的生活和紫砂艺术,追求理趣兼得,追求形神统一,处处透露着他的个性,处处可见工艺和文化的思想。他致力于用文化来做工艺,又以工艺创造新的文化。(详见本书68—69页)

Rules of craftsmanship and life　Mr. Gu had his own judgment about whether a purple clay teapot was artistically desirable. That judgment was gradually broadened by him through teaching and recognized as a set of rules by the industry of purple clay. Mr. Gu was a perfectionist: every teapot must be the best. Typical characteristics of literati—integrity and honesty—collided with his rules of life and burst into artistic sparks. For Mr. Gu, life and art were one and the same. His personalities drove the aspiration for craftsmanship and culture, which underscored a unity of esthetic rationality and perception, both in form and spirit. He renewed craftsmanship with culture while recreating culture through craftsmanship.(See page 68–69)

《双线竹鼓壶》顾景舟去世以后由家人烧制
Teapot in bamboo shape crafted by Mr. Gu's family after he passed away

授业传道　奉为宗师

Transmitting wisdom and imparting knowledge
—worshipped as a master

2004 年秋, 顾景舟 90 华诞纪念展览在无锡举行, 展出顾景舟作品 18 件, 他的徒弟以及顾派门下受到过教益的弟子作品 200 余件。近百位紫砂艺人济济一堂, 在怀念老师时, 有许多的感喟。(详见本书 70—83 页)

In the fall of 2004, Mr. Gu's 90th birthday was commemorated in Wuxi. The event displayed eighteen teapots crafted by him and more than two hundred others by generations of his apprentices. Nearly one hundred craftsmen got together on that emotional occasion to cherish the memory of their mentor.(See page 70–83)

1955 年建立了紫砂工艺社(即后来的紫砂工艺厂), 顾景舟担任工艺社生产理事委员和技术辅导员, 与其他 6 位艺人一起, 负责工艺班的招生和技术辅导。他先后带了多位入室弟子, 而对其他老艺人师傅的弟子也是毫无保留。许多今天已经成为国家工艺美术大师和省级大师的工艺家, 都得到过他的直接指点和教导。他自己常用韩愈的话 "师者, 所以传道授业解惑也" 来要求自己, 正是他不囿于门户, 执着于紫砂艺术, 遍教英才, 才在身后赢得人们尊为一代宗师的荣誉。他的弟子们回忆起他的教育仍然铭记深刻。

Mr. Gu was a technical advisor and production director when Purple Clay Workshop (it later became Purple Clay Factory) was founded in 1955. Together with six other craftsman, he initiated a training course to recruit apprentices and offer technical guidance. No matter apprentices of his or other craftsmen's, he taught them without reservation. Among those he instructed personally, many have become masters of arts and crafts well-known provincially or even nationally. He always spurred himself on by citing a saying from Hanyu (a prominent scholar, thinker and philosopher in the Tang Dynasty), "Teacher is a person who can spread doctrine, impart knowledge, and resolve confusion." His openness in teaching and dedication to the art of purple clay have left the deepest impression on his apprentices and earned him the greatest respect as a master.

顾景舟以 "传道授业" 为己任, 以自己丰富的实践经验、扎实的操作功底和很高的文学艺术修养, 抓住主线, 说理透辟, 由浅入深, 示范操作, 引导启发, 来教育学生。为使学生尽快掌握技艺，明了生产工艺，他将紫砂的历史沿革、工艺流程、紫砂陶造型分析、技法处理、烧成热工，总结成"紫砂陶工艺二十讲"，亲自授课。其中，最为突出的是教导学生"工欲善其事，必先利其器"的理念，即领会做壶首先要学会制作工具。他在带徒传艺上既有传统式的师傅带徒弟的制作示范教育，又采纳了学校教育形式用小黑板写操作规程和技法要点等条例，便于学生记忆。他没有门户之见，全心全意为自己钟爱的事业培养人才，真正做到了传道、授业、解惑。

Mr. Gu made it his duty to transmit wisdom and impart knowledge. Helped by his profound literary and cultural accomplishment, he concentrated on key points to interpret theory simply but thoroughly; and through demonstrating rich experience and superb skills, he guided and inspired apprentices in an interactive way. To help apprentices learn quickly, he condensed major issues like the evolution of purple clay, crafting process, modeling of purple clay pottery, processing techniques and firing techniques into Twenty Classes on Craftsmanship of Purple Clay Pottery. The top priority for him was teaching apprentices how to make tools, because he believed in a saying that is "A handy tool makes a handy man." Traditional as his mentorship was—demonstration being a necessary part—he also listed crafting instructions and key techniques on the blackboard, just as what a teacher did at school. All this made it easier to remember. He never shunned his duty as a mentor, and in fact, he treated every apprentice as equal and wholeheartedly trained talents for his beloved career.

顾景舟在紫砂行业内被尊为"壶艺泰斗，一代宗师"。如果说他是壶艺泰斗，那只是技艺的肯定，但他又是"一代宗师"，是他把理论与实践结合起来，教给了他的学生，他的学生又教给了后人，对技艺的传承做出了巨大贡献，这才不愧一代宗师的称号。他的艺术理念影响了一代又一代人，他带的徒弟成为了现在的大师。今日的紫砂盛景，紫砂传统得以代代传承，其中就有这位为紫砂奉献一生的一代宗师"顾辅导"的功劳。

Mr. Gu is honored as "a leading craftsman in the industry of purple clay" for top-notch skills. He has also been credited as a master with contributing to the inheritance of craftsmanship. He incorporated theory and practice into his artistic concepts, which have been passed on to his apprentices and beyond. Many of them have become masters too. We can never forget Master Gu, whose efforts have laid a solid foundation for a centuries-old tradition that is still thriving.

传承宏扬　凝炼风格

Inheriting to sparkle forever and refining to be the best

顾景舟曾将自己的紫砂艺术生涯总结为少年仿、中年创、晚年变的三步曲。这是他从时序上总结自己的从艺历程得出的结论。实际上，从他的言行和作品来研究，他所说的仿、创和变，在每一个时间阶段都是相互融合的，仿制中磨砺技艺，领悟真谛。在造型处理上，工具的使用上，在制作的程序和手法上，处处都渗透着他对于这个经典样式的理解。因此他的仿制，可以说已经完全融合进自己的创造心绪。

In retrospect, Mr. Gu broke his career down chronologically into three stages: emulation in his early days, creation at midlife and innovation in his late years. However, you can't tell the clear discrimination among them, since they were mixed in each stage. Creation was engaged with emulation to help him sharpen techniques and grasp the full significance of art. His understanding of classic styles ran through modeling, tool-using, crafting process and techniques.

顾景舟对历史人物和作品的品评，体现了他对紫砂传统的理解，也反映出他凝炼风格的过程。在众多的艺术流派中，顾景舟注重仿制时大彬、陈鸣远、邵大亨作品，认为他们基本代表了紫砂的最高艺术成就，是学习的楷模。

His views on historical figures and their works reflected a process of shaping his own styles while drawing upon advantages from tradition. From many art schools, he selected to emulate works by Shi Dabin, Chen Mingyuan and Shao Daheng, believing that they took the lead in making the highest artistic achievement in purple clay.

他的仿古不是亦步亦趋，而是用批判的态度来剖析历史。他仿大亨的《仿鼓壶》就深得神韵，而仿的同时，他的"创"意又蕴涵其中，根据自己的审美与思想，融入了新意，在做壶的过程中，造型、工艺、工具都做了相应的调整，做出的是一把顾景舟的《仿鼓壶》。他的《仿鼓壶》，处处刚劲挺拔，通体自然如天成，工极、韵极毫无刀斧痕迹，而泥质又十分细腻。把玩时，有温其如玉，滑不留手的感觉，令人爱不释手。他所展现的《仿鼓壶》虽仿自大亨却在"仿"中创出了属于顾景舟的新格局。

Mr. Gu didn't follow suit blindly. By contrast, he developed critical insights into the history. His Fanggu teapot was as enchanting as Shao Daheng's, but more notably, he injected his esthetic sense and thoughts into crafting process and creatively adjusted modeling, techniques and tools. Mr. Gu went far beyond emulation, because he revitalized Fanggu teapot and endowed it with his own styles, highlighting exquisite craftsmanship and natural beauty. With such a teapot in hand, it's hard to resist jade-like warmth and smoothness blessed by quality clay.

顾景舟在制作《仿鼓壶》
Mr. Gu is making Fanggu teapot

《仿鼓壶》
Fanggu teapot

如果说《仿鼓壶》是顾景舟的"仿",到了《笑罂壶》,纯熟的技艺和造型上的修为,自然而然产生出全新的形体,瓜熟而蒂落,传统与创新、继承与宏扬,在形神兼备中得到了统一。

If Fanggu teapot is just an example of Mr. Gu's emulation, Xiaoying teapot must be unprecedented thanks to extraordinary techniques and ingenious modeling, where tradition and innovation established a wonderful unity both formally and spiritually. When tradition is inherited and carried forward, innovation will naturally come.

顾景舟的作品,几乎都在仿制中求新意,创作中蕴古意。他毕生孜孜以求的艺术之境,在传承与宏扬历史中,在千锤百炼的造型中,得到了完美的呈现。这种在传统经典中感悟的意境,使他在构思新的作品、进行创作时,同样对造型、手法、工具等反复推敲,追求达到和超越历史的高度。他的创作化古典为新颖,而新颖中又寓古典,仿制和创作中,每一步、每个细节都在有意识地"变",变为合乎紫砂工艺规矩和道理,变为合乎他心

《笑罂壶》
Xiaoying teapot

中 国 工 艺 美 术 大 师

※

历 史 传 承　　时 代 记 忆

※

国 家 出 版 基 金 项 目
江苏美术出版社重点出版项目

中国工艺美术大辞

※

图史科末　胡代汇化

※

国家出版基金项目
江苏美术出版社重点出版项目

中国工艺美术大师
Masters of Chinese Arts and Crafts

顾景舟
Gu Jingzhou

紫砂壶
Purple clay teapot

高振宇 分卷主编
Gao Zhenyu

高英姿 著
Gao Yingzi

江苏凤凰美术出版社
Jiangsu Phoenix Fine Arts Publishing House

丛书组织委员会

主任 陈海燕 副主任 吴小平

委员 常沙娜 张道一 周海歌 马达 王建良 高以俭
濮安国 李立新 李当岐 许平 邬烈炎 徐华华

陈海燕 凤凰出版传媒集团党委书记、董事长。

吴小平 凤凰出版传媒集团党委成员、副总经理。

常沙娜 原中央工艺美术学院院长、教授，中国美术家协会副主席。

张道一 东南大学艺术学系教授、博士生导师，苏州大学艺术学院院长。

周海歌 江苏美术出版社社长、编审。

马达 中国工艺美术协会副理事长，江苏省工艺美术行业协会理事长。

王建良 苏州工艺美术职业技术学院党委书记。

高以俭 中华文化促进会理事，原江苏省文学艺术界联合会党组副书记、副主席。

濮安国 原中国明式家具研究所所长，苏州职业大学艺术系系教授，我国著名的明清家具专家和工艺美术学者，中国家具协会传统家具专业委员会高级顾问。

李立新 南京艺术学院设计学院教授，《美术与设计》常务副主编。

李当岐 清华大学美术学院党委书记、教授。

许平 中央美术学院设计学院副院长、教授。

邬烈炎 南京艺术学院设计学院院长、教授。

徐华华 江苏美术出版社副编审。

丛书总主编 张道一

丛书执行副总主编 濮安国 李立新

顾景舟
Gu Jingzhou

1915年10月18日出生于江苏宜兴上袁村。

1932年，因家境困顿辍学，在家从祖母邵氏学习紫砂工艺，从此踏入紫砂艺坛。

30年代，被聘至上海郎氏艺苑从事仿古制陶，期间临摹古代陈鸣远、邵大亨等人名作，技艺突飞猛进。

1948年，作石瓢壶五件，沪上画家吴湖帆、江寒汀为之书画。

50年代，收徐汉棠为徒；后收李昌鸿、高海庚等艺徒，与带队来厂实习的高庄教授合作设计提璧壶；被国家授予"工艺人"称号。

60年代，从事紫砂打样设计，设计紫砂花盆、紫砂茶叶揉碾盘以及紫砂杯等，为当时困顿的紫砂产业寻找出路；改进紫砂工具，并考察紫砂古器和紫砂窑遗迹。遍访北京、上海、广州、苏州等博物馆对照和鉴定。

70年代，创作雪华壶、提璧茶具、上新桥壶、石瓢壶、中石瓢壶、矮僧帽壶、汉铎壶、矮井栏壶和乳鼎壶等。

1981年，与徐秀棠、高海庚赴香港参加第六届亚洲艺术节，为香港罗桂祥博士鉴定紫砂藏品。

1982年，被评为工艺师，同年为北京故宫博物院做藏品鉴定。

1988年，被轻工业部授予"中国工艺美术大师"称号。

Gu Jingzhou was born in Shangyuan Village, Yixing, Jiangsu Province on October 18, 1915,

1932, could only stop schooling because of straitened family circumstances, and started to learn the Purple Clay crafts from grandmother Shao, which drive him to enter in the Purple Clay art circle,

1930s, was employed to Langshi Art Word in Shanghai, engaging in archaistic potting, copying the ancient masters' works, such as Chen Mingyuan's and Shao Daheng's, and his handcrafts has soared,

1948, created five Shipiao Pots that were painted and autographed by Shanghai painters, Wu Hufan and Jiang Hanting,

1950s, was the teacher of Xu Hantang, teaching crafts students like Li Changhong and Gao Haigeng, working togeter with the professor who was from Gaozhuang and led a group to practice in the workshop to design the Tibi Pot, and was given the title of the "Crafts Man" by the country,

1960s, engaged in Purple Clay fent design, Purple Clay flowerpot, Purple Clay dish for grinding tea, Purple Clay cup and so on, keeping finding outlets for the embarrassed Purple Clay industry, improving tools for making Purple Clay things, researching the ancient Purple Clay utensils and the ancient Purple Clay kiln sites, visiting the museums of Beijing, Shanghai, Guangzhou, suzhou and etc. to contrast and identify,

1970s, produced the Xuehua Pot, Tibi Pot, Shangxinqiao Pot, Shipiao Pot, Middle Shipiao Pot, Short Monk's Hat Pot, Handuo Pot, Short Brandreth Pot, Ruding Pot, and etc.,

1981, went to Hong Kong with Xu Xiutang and Gao Haigeng to participate "The Sixth Asian Arts Festival", and identifying the Purple Clay collections for Hong Kong Dr. Luo Guixiang,

1982, was named as the "Craftsman", and identified the collections for Bejing Palace Museum in the same year,

1988, was given the title of the "Masters of Chinese Arts and Crafts" by the Ministry of Light Industry.

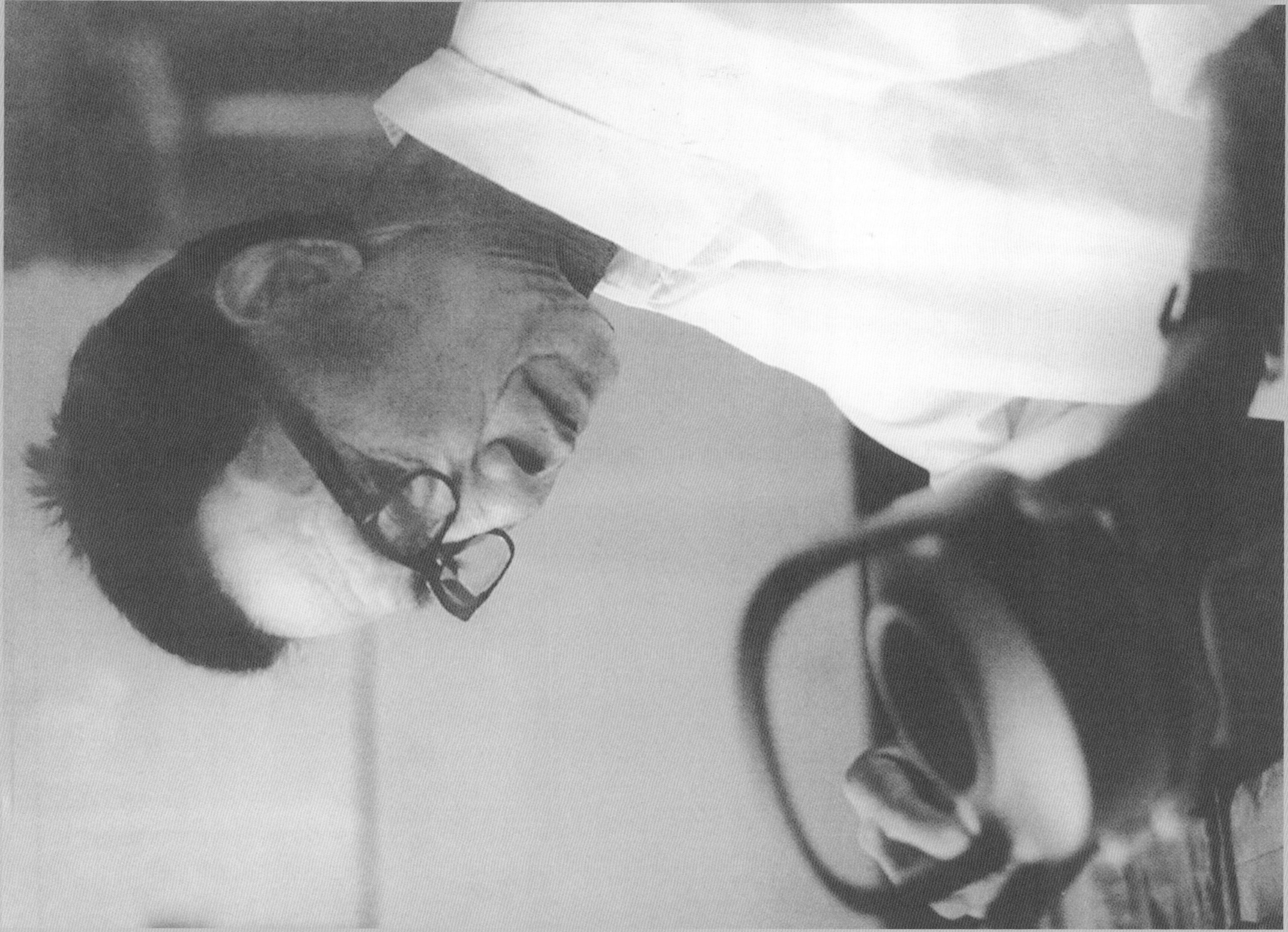

Purple clay teapot

Purple Clay Pot found in Yixing，Jiangsu Province was started in the Northern Song Dynasty and flourished in the middle of Ming Dynasty．It is so good at air permeability and preserving taste that is suitable for tea with the features of even heat conduction and none-crack with high temperature，and specially made from purple clay, cinnabarine clay and Benshan green clay of Yixing．After crushing and clearing the purple clay, the mud base made by the unique technic of patting shape and cutting-connecting shape will be turned into three models of pots with forms of plain (means that the pot surface is smooth and round，decorous and simple, without any polishing of the plain style), Jinrang (implies that the pot surface is put up various styles with lines of geometric pattern) and rilievo (refers to a variety of designs decorated on the pot surface or different styles of the pot models). The Purple Clay Pot is not glazed，but is decorated by colors of blue, green and red. Common colors of Purple Clay are begonia red，cinnabar purple，dark green，grape purple and etc.. Firing temperature of the Purple Clay Pot is usually about 1200℃.

紫砂壶

产于江苏宜兴。始于北宋，盛于明中期。紫砂壶具有良好的透气性和保味作用，适宜泡茶，且有传热均匀、高温不裂的特性。

紫砂壶用宜兴特产的紫砂泥、朱砂泥、本山绿泥制作。将紫砂泥经过粉碎、澄炼后，用独特的拍打成型和裁片镶接成型工艺制成泥坯，制作成素色、筋瓢、浮雕三种形式的陶壶造型。素色指壶面光润、浑朴、不加雕饰的朴素造型；筋瓢指壶面施以几何纹线条的各种造型；浮雕指在壶面装饰各种图案或将壶塑造成各种物体。紫砂壶不上釉，但可用青、绿、红等色料进行装饰，常见的紫砂色有海棠红、朱砂紫、墨绿、葡萄紫等色。烧制紫砂壶需1200℃左右的高温。

目录

大师风范——

《中国工艺美术大师》系列丛书◎总序

张道一

中华民族素有尊师重道的传统,所谓:"道之所存,师之所存。"因为师是道的承载者,又是道的传承者。师为表率,师为范模,而大师则是指有卓越成就的学者或艺术家。他们站在文化的高峰,不但辉煌一世,并且开创了人类的文明。一代一代的大师,以其巨大的成果,建造着我们民族的文化大厦。

我们通常所称的大师,不论在学术界还是艺术界,大都是群众敬仰的尊称。目前由国家制定标准而公选出来的大师,惟有"工艺美术大师"一种。这是一种荣誉、一种使命,在他们的肩上负有民族的自豪。就像奥林匹克竞技场上的拼搏,那桂冠和金牌不是轻易能够取得的。

我国的工艺美术不仅历史悠久、品类众多,并且具有优秀的传统。巧心机智的手工艺是伴随着农耕文化的发展而兴盛起来的。早在2500多年前的《考工记》就指出:"天有时,地有气,材有美,工有巧;合此四者,然后可以为良。"明确以人为中心,一边是顺应天时地气,一边是发挥材美工巧。物尽其用,物以致用,在造物活动中一直是主动地进取。从历史上遗留下来的那些东西看,诸如厚重的青铜器、温润的玉器、晶莹的瓷器、辉煌的金银器、净洁的漆器,以及华丽的丝绸、精美的刺绣等,无不表现出惊人的智慧;谁能想到,在高温之下能够将黏土烧结,如同凤凰涅槃,制作出声如磬、明如镜的瓷器来;漆树中流出的液汁凝固之后,竟然也能做成器物,或是雕刻上花纹,或是镶嵌上蚌壳,有的发出油光的色晕;一个象牙球能够雕刻成几十层,层层都能转动,各层都有纹饰;将竹子翻过来的"反簧"如同婴儿皮肤般的温柔,将竹丝编成的扇子犹如锦缎之典雅;刺绣的座屏是"双面绣",手捏的泥人见精神。件件如天工,样样皆神奇。人们视为"传世之宝"和"国宝",哲学家说它是"人的本质力量的显现"。我不想用"超人"这个词来形容人;不论在什么时候,运动场上的各种项目的优胜者,譬如说跳得最高的,只能是第一名,他就如我们的"工艺美术大师"。

过去的木匠拜师学艺,有句口诀叫:"初学三年,走遍天下;再学三年,寸步难行。"说明前三年不过是获得一种吃饭的本领,即手艺人所做的一些"式子活"(程式化的工作);再学三年并非是初学三年的重复,而是对于造物的创意,是修养的物化,是发挥自己的灵性和才智。我们的工艺美术大师,潜心于此,何止是苦练三年呢?古人说"技进乎道"。只有进入这样的境界,才能充分发挥他的想象,运用手的灵活,获得驾驭物的高度能力,甚至是"绝技"。《考工记》所说:"智者创物,巧者述之;守之世,谓之工。"只是说明设计和制作的关系,两者可以分开,也可以结合,但都是终生躬行,以致达到出神入化的地步。

众所周知,工艺美术的品物分作两类:一类是日常使用的实用品,围绕衣食住行的需要和方便,反映着世俗与风尚,由此树立起文明的标尺;另一类是装饰陈设的玩赏品,体现人文,启人智慧,充实和提高精神生活,即表现出"人的需要的丰富性"。两类工艺品相互交错,就像音乐的变奏,本是很自然的事。然而在长期的封建社会中,由于工艺品的材料有多寡、贵贱之分，制作有粗细、精陋之别，因此便出现了三种炫耀：第一是炫耀地位。在等级森严的社会，连用品都有级别。皇帝用的东西，别人不能用；贵族和官员用的东西，平民不能用。诸如"御用"、"御览"、"命服"、"进盏"之类。第二是炫耀财富。同样是一个饭碗，平民用陶，官家用瓷，有钱人是"金扣"、"银扣"，帝王是金玉。其他东西均是如此，所谓"价值连城"之类。第三是炫耀技巧。费工费时，手艺高超，鬼斧神工，无人所及。三种炫耀，前二种主要是所有者和使用者，第三种也包括制作者。有了这三种炫耀，不但工艺品的性质产生异化，连人也会发生变化的。"玩物丧志"便是一句警语。

《尚书·周书·旅獒》说："不役耳目，百度惟贞，玩人丧德，玩物丧志。"这是为警告统治者而言的。认为统治者如果醉心于玩赏某些事物或迷恋于一些事情，就会丧失积极进取的志气。强调"不作无益害有益，不贵异物贱用物"。主张不玩犬马，不宝远物，不育珍禽奇兽。历史证明，这种告诫是明智的。但是，进入封建社会之后，为了避免封建帝王"玩物丧志"，《礼记·月令》规定：百工"毋或作为淫巧，以荡上心"。因此，将精雕细刻的观赏性工艺品视为"奇技淫巧"，而加以禁止。无数历史事实告诉我们，不但上心易"荡"，也禁而不止。这种因噎废食的做法，并没有改变统治者的生活腐败和玩物丧志，以致误解了3000年。在人与物的关系上，是不是美物都会使人丧志呢？答案是否定的。关键在人，在人的修养、情操、理想和意志。所以说，精美的工艺品，不但不会使人丧志，反而会增强兴味，助长志气，激发人进取、向上。如果概括工艺美术珍赏品的优异，至少可以看出以下几点：

1. 它是"人的本质力量的显现"。不仅体现了人的创造精神，并且通过手的锻炼与灵活，将一般人做不到的达到了极致。因而表现了人在"改造世界"中所发挥出的巨大潜力。

2. 在人与物的关系中，不仅获得了驾驭物的能力，并且能动地改变物的常性，因而超越了人的"自身尺度"，展现出"人的需要的丰富性"。

3. 它将手艺的精湛技巧与艺术的丰富想象完美结合；使技进乎于道，使艺净化人生。

4. 由贵重的材料、精绝的技艺和高尚的人文精神所融汇铸造的工艺品，不仅代表着民族的智慧和创造才能，被人们誉为"国宝"。在商品社会时代，当然有很高的经济价值，也就是创造了财富。

犹如满天星斗，各行各业都有领军人物，他们的星座最亮。盛世人才辈出，大师更为光彩。为了记录他们的业绩，将他们的卓越成就得以传承，我们编了这套《中国工艺美术大师》系列丛书，一人一册，分别介绍大师的生平、著述、言论、作品和技艺，以及有关的评论等，展示大师的风范。我们希望，这套丛书不但为中华民族的复兴和文化积淀增添内容，也希望能够启迪后来者，使中国的工艺美术大师不断涌现、代有所传。是为序。

2009年12月25日于南京龙江

The Demeanor of the Masters — A Foreword of The "*Masters of Chinese Arts and Crafts*" Series

Zhang Daoyi

Since ancient times, Chinese people have a tradition of the greatest respect for teachers. As the old Chinese proverb goes, "where there is the doctrine, there is my teacher." It is because teachers who are followed as models not only inherit but also propagate the doctrine. And masters are defined as brilliant academics or artists who, standing on the peak of culture, have their glorious life and also have created the human civilization For generations, masters build our nation's cultural edifice with their tremendous achievements.

The masters called by people whether in academia or the art world are usually an honorific title. Presently, the "Masters of Arts and Crafts" is the only title which comes from public election with the national standards. It is an honor, a mission and the nation's pride on their shoulders. As in the Olympic arena, the laurels and the gold medal are not easily able to obtain without hard work.

The Arts and Crafts in our country has a long history with a wide variety of types as well as fine tradition. The exquisite handcraft has flourished with the development of farming culture. As early as more than 2500 years ago, the ancient literature named "The Artificers Record" (Zhou Li • Kao Gong Ji) says that "Only in harmony with time, environment, material, and art can the beautiful objects be made", but there is no doubt that skilled craftsmen is the most important among them. Making the best use of things is the active and effective way of creation activities. The historical legacies of Arts and Crafts such as heavy bronze vessels, mild and smooth jades, translucent porcelain, gold and silver wares, clean lacquer wares, gorgeous silk, delicate embroidery all shows people's amazing wisdom. So it is almost hard to imagine the ability that makes the clay sintered under high temperature as Nirvana of the Phoenix, which finally turns out to be the porcelain that sounds like the Chime Stone (ancient Chinese percussion instruments) and looks like a mirror; The solidification of sumac juice can be made into artifacts by carving patterns or inlaying shells, and some emits shiny gloss; An ivory ball can be carved into dozens of layers and what's more, every layer can be rotated freely and has different patterns; The handicraft articles, made from bamboo with its green covering removed, are as soft as baby's skin and the fans woven by bamboo sticks are as elegant as brocade;

The screen with the base of embroidery has "double-sided embroidery" and handmade clay figurines come alive; Every art work is so superb that people consider them as the "priceless treasure" or "national treasure" and philosophers say that it can show "the power of human nature". I don't want to describe people by using the word "Superman", and instead regard our "Masters of Arts and Crafts" as the champion like the NO.1 in each sports competition.

In the past, when carpenters' apprentices studied with teachers, there was a formula said that "beginner for the first three years is able to travel the world; and then after another three years every step is a struggle". It means that studying in the first three years is nothing but obtaining the craftsmanship, namely "Shi Zi Huo" (stylized forms of work) to make a living. But studying another three years means people should display originality and materialize accomplishment rather than repeat simply. Obviously, it makes people bring their own spirituality and wisdom into play. Actually, our masters have concentrated on arts and crafts far more than three years. The ancients said "when a person with a technique has reached the peak in certain realm, and then further advances can make him master the rules." Only by entering this realm can people make the most of their imagination and use manual dexterity to obtain the high skills or even get the "unique skill". "The Artificers Record" said "wise men create things while handy men follow production methods and hand down from generation to generation and then become specialized craftsmen." It only illustrates the relationship between design and production, but the two can be separated and also be combined and both of them are concerned with life-long practice in order to achieve a superb level.

It is well known that the Arts and Crafts can be divided into two types: one is the daily supplies including the needs of basic necessities and convenience, which reflects the custom and the fashion, thereby establishing the modal of civilization. The other is decorative furnishings that can reflect humanities, inspire wisdom, enrich and enhance people's spiritual life, which shows "the abundance of people's needs". It is natural that these two types are interlaced like the variation of music. However, in the long period of feudal society, due to the different materials of crafts, the distinction of production, there were three things to display: the first is to display the status. In hierarchical society, even supplies have levels. For instance, the stuff belongs to the emperor could not be used by others; the civilians never had the opportunity to use the articles provided by the nobles and the officials. Those things had the special titles such as "The Emperor's Using Only", "The Emperor's Reading Only", "The Officials' Robes Only", "The Emperor's Teacup Only" and so on. The second is to display the wealth. For example as to the material of bowls, the pottery was used by the civilians and the porcelain by the officials. The rich men used the "gild ceramics" or "silver coated ceramics" while the emperor used the gold and jade. It is the same with other things. The third is to display the skills. Only by time-consuming production, excellent work and supreme skills can priceless crafts be made. In these three kinds of parade, the former two mainly refer to both owners and users while the third also includes the producers. Thus, it will not only alter the nature of the crafts but also change the human character because "people lost in play will lose their aims".

The ancient book named "Shang Shu • Zhou Shu • Lv Ao" says "Not enslaved to sin, and then manage things properly. People lost in dally will lose their virtues and people lost in play will lose their aims." It is a warning for the rulers that emphasize "don't do useless things and don't also prevent others from doing useful things; don't pay much more for strange things and don't look down on cheap and practical things", which affirms that never indulge in personal hobbies, hunt for novelty or feed rare and precious birds and animals. History has proved that the warning is wise. However, after entering the feudal society in order to prevent the feudal emperor from being lost in play, "Proceedings of Government in the Different Months • The Book of Rites" (Li Ji • Yue Ling) demanded that "craftsmen can't practise a licentious ingenuity that would dissipate the minds of their superiors", which regards the carved arts and crafts as "wicked tricks" that should be forbidden. But numerous historical facts tell us that it is an unwise and unsuccessful method that did not change the extravagant lives of rulers. The misunderstanding lasted for about 3000 years though the ban, which was just like "giving up eating for fear of choking". Do all beautiful things really make people weak as to the relationship between people and things? The answer is "no". The main factors that can influence people are self-cultivation, sentiments, ideals and will. So the fine Arts and Crafts is not able to make people despondent, on the contrary, it will enhance people's interests, encourage ambition and inspire people to become aggressive and progressive. In a word, if we outline the positives of Arts and Crafts, the following points can be listed at least.

1. It shows "the power of human nature", which not only reflects people's spirit of creativity but also reach a height through flexibility of hands where is impossible for ordinaries by the exercise, thus shows people's great potential of "changing the world".

2. It makes people gain the ability to control objects and actively alter the essential property of objects in the relationship between persons and objects, which has gone beyond the humans' "own scale" and shows "the abundance of people's needs".

3. It perfectly combines superb craftsmanship with colorful imagination of art. It also makes techniques become the law of nature and makes art purify life.

4. The Arts and Crafts made by precious materials, exquisite skill and even the noble human spirit represents the wisdom and creativity of Chinese nation and has been honored by people as "national treasure". In the commercial society it obviously has the high economic value, which means it has created wealth.

There are many talents in flourishing age and masters of Arts and Crafts is the most outstanding kind among the elites of different fields. In order to record their performance and pass on their outstanding achievements, we have compiled the "Masters of Chinese Arts and Crafts" series that respectively introduces their life stories, writings, opinions, works and skills as well as relevant comments, which completely shows the masters' styles. We hope that the series of books can make contributions to not only the revival of China nation and the cultural accumulation, but also inspire newcomers constantly emerging to become "Masters of Arts and Crafts" for generations.

December 25th, 2009, in Longjiang, Nanjing

顾景舟紫砂艺术——文化之工艺与工艺之文化 ◎ 前言

高振宇

"我有不会说话的东西",这是顾景舟先生晚年常说的一句话。

未曾想到,在与顾先生的几十年生活相处、从师学艺的经历中,这句极平常的话,今天看来更像是我们解读顾景舟先生紫砂艺术的、一把不经意间留下的钥匙。这大门开去,一半是对着历史,他相信历史会对他作出合理的评价,是他对紫砂工艺"文化性"独到性的深刻认识,就是这种认知才使他产生一辈子对紫砂这门工艺怀着一种特别虔诚的态度,正是这种虔诚才有了他一辈子对紫砂茶陶理想美的坚守与追求;另一半对着现实,是他对紫砂"工艺文化"的成熟和完善所作的不懈努力。今天来看,当我们使用和触摸到他制作紫砂的工具时,就会深刻体会到他在每一道工艺、工序、工具制作中的用心。紫砂传统工艺到了学养颇深的顾先生那里,已不单单是继承,而是朝着合理性方面的提高与再创造。唯有如此,他在工艺上总是操刀自如,一旦动手制作便如流水行云,毫无窒碍,而总是事半功倍。他的作品,每一个细节都把握准确,整体推究到浑然天成般完美,且有理有趣,赏、用两美。

一、文化工艺之紫砂

"我有不会说话的东西",这话语中也显露出顾先生对历史的信任。顾先生似乎是很早就有历史意识的人。从青年习陶之初时的作壶用章"曼晞陶艺"(曼晞为初升的太阳之意),到晚年作诗中"愿留指爪踏雪泥"之句,可以看出,他早就把自己纳入到500年紫砂历史中,把自己放到历史上无数紫砂陶艺名家中,去找到一个自我定位。今天看来他确实做到了,他的紫砂壶作品多方面实现了在前人基础之上的超越,成为今人仰视的又一座高峰,也成为当今紫砂的经济价值的标杆。尽管人们还没有完全读懂他、读懂真正的紫砂文化,但我们更看重的,是与现世功利不甚相关的,支持他实现超越的究竟是何种精神力量。实际上正是这种精神力的作用,使他从懵懂到彻悟到"夙慧"(刘海粟在他作品上的最后留言)之境,一辈子秉承着、坚守着的那一种理想。因为有了这样的理想才有真正的魂魄,有了紫砂的真价值才有超越工艺的内涵,这就是对历史形成的紫砂工艺文化性的认识。

事实上500多年前,紫砂茶陶登上历史的舞台也并非是一蹴而就的,因为在中国有着如此众多的陶瓷窑口以及复杂多样的陶瓷品种。让士大夫们在极其多样的选择中,"壶黜金银,而尚宜陶",独独青睐紫砂器是需要极大的热情和勇气的,最直接的简单明了的理由就是紫砂器与文人士大夫们审美价值相吻合。纵观中国的窑系虽则众多,却不外乎官窑与民窑两种。明代的江南,工商业发达,市民文化兴盛之时,科举仕途的人生价值也遭遇文化人的质疑。文人士大夫们在官窑瓷器的缺乏人情的造作、雕琢、媚权,与民窑的只重实用的粗杂之间,找到了紫砂器这种脱颖于民间粗杂器,介于陶与瓷之间的材质,并且通过精细的工艺,能够足以表达意境的精细陶器——现在来看紫砂应该归类于炻器。历来在中国的陶瓷史上，"瓷"象征着皇族权贵，"陶"象征着百姓庶民。来自黎民却雅致高洁，这更像是文人士大夫们选择的一种价值的体现、一种表白、一种自我人格的标榜。在明人的记载中确有把宜兴紫砂陶写成（瓾）《台湾徐鳌润之论文集》，使之有别于景德镇的"瓷"（官）和磁州窑的"磁"（民），值得引起重视。

这里最值得关注的是，紫砂发展的脉络中最具有精神价值的部分，也即是"文人的紫砂"诞生的产床——茶文化或者说是茶事活动，这个被日本人冈仓天心称为是东方式的民主意识的萌芽的茶事文化。早在明代的江南地区，文人们在茶性的圆融与虚淡中构筑了理想中的脱俗的"乌托邦"——茶事空间，因此也自然地对紫砂壶这个茶事活动的主角寄予了极大的情感，在形式上也提出了规范和要求。吴颐山（吴仕）利用龚春壶式的创造，以及时大彬游娄东时与董其昌、陈继儒等的相遇，都反映出文人及士大夫们参与这一崭新的茶陶器"紫砂壶"的热情和动机。更为有意义的是，几乎同一时期在东瀛，从鸥绍、珠光那里发端的蒙眬的茶思想，在千利休那里形成了独立的茶的哲学思想和对茶器的审美。被归结为"和、静、清、寂"四字的茶境界，与明代文人一样是在茶事空间中以人们平等、尊重、淡泊、和谐为主旨的；所不同的是，他们没有外族的打断，很好地延续、发展、成熟了茶文化。

也正好是在茶的这种思想氛围中，才会孕育出开世界风气之先的紫砂陶工时大彬，我们可以骄傲地认为他是世界第一位堂堂然在自己壶底持之以恒镌刻自己名姓的陶瓷艺术家。称之为世界陶工的自我觉醒，或世界的最早的陶艺家也不为过。也就是这种陶人对文化的不断追求，当然也有文人参与的相互作用，使得紫砂器成为了"文化的工艺"。最为可贵的是以陶工独立的个体、个人为主体的创作活动被包括帝王在内的人们认可，这是让景德镇官窑羡煞之处。因此在紫砂壶的个人创作中，与书画同样有师造化、有功力、有气韵生动、有与书画媲美的意到笔不到的留白之韵，还有更为重要的艺术家自身的个性。对于文人壶，尽管只是整个紫砂器中的极少部分，当今也许是几十万分之一！我们可以等同于其他中国的传统艺术，来看待这"道器合一"的作品以及作者本人。

顾先生是一个学养颇深的工艺家，在与他无数次的长谈中，听他如数家珍似的对我讲到历史上的座座高山，时大彬、陈鸣远、邵大亨……他秉承了紫砂真正的值得人们重新去审视的文化工艺的精神价值。他深知自己所做的壶既有别于开门七件事、或说是茶坊酒肆所用作饮茶的民间杂器，也有别于"一朝选在君王侧"的雕琢造作于媚权的官窑器，而是发轫于明初江南士大夫中的文人茶器。从陈继儒、时大彬、陈鸣远、陈曼生到邵大亨这样一个文人紫砂器的脉络中，他用一身的不妥协来坚守着这来自源头的清泉，继承了文人在茶思想、茶审美中孕育出来的那种理想的高雅。从他的印款"曼晞陶艺"到"足我所好玩而老矣"再到

"闭门即是深山"，这就是他对这一事业的修行中参悟过程的注脚。

二、紫砂中的工艺文化

"我有不会说话的东西"，话语中也显露出他对自己的紫砂壶制作工艺本身的自信，也即是俗话所说的"功"。当下一般人多把"做功"看成是细节的精细、表面的干净、口盖的严丝合缝，而顾先生的"功"，其一是在"行"——流俗，与"尚"——高雅之间的鉴别和落实（即认识和实践两方面）。首先是对形体的认识与把握，譬如"壶把梢"与壶身的连接，啄泥要求不多不少，多了如喇叭状炸开，显得臃肿而壶的"气"被滞碍，少了如钉子插入壶体生硬呆板。需如玉镯般圆润，与壶体相接时只需用形如韭叶边的"铁尖刀"轻轻一压，即可使过度有饱满的弧线连接，如自然生出一般，而且省工省力。又譬如他的仿鼓壶，在处理壶盖与壶口线的吻合上，如人之双唇"天压地"，而且上下圆线均以各自圆的三分之一弧线为佳，等等。诸如此类的经验总结，他的教导除了自己弟子、学生也惠及旁系他派的紫砂从业者。

顾先生"功"，其二是对于工具的制作及工艺操作（工序）的合理性，有着极深的研究与丰富的经验积累。记得我从师之初，仅学习制作工具就花费3个月的时间，先生曰"工欲善其事，必先利其器"。此后每日敲打上千枚泥片练习基本功，按先生要求13下拍平泥片，多打则泥被打散，少打则泥还未醒。叠成一尺高，以弓割之，均要每片一样2.5毫米厚、中间稍厚边缘稍薄。先生曰"磨刀不负砍柴功"……在顾先生看来，这苛严的练习，是日后工艺上流畅表达的前提。先生自己就是如此练就的本领，我想本书中将会大量提及，在此就不多赘述。

顾先生的造型能力的形成，不仅在于天赋聪慧，还在于后天的不断学习——向古人学、向书本学。他曾说，自己是向上（过去）看100年。这向上数100年，我们可以看到的正是他一生最为崇拜、作为紫砂事业楷模的清末紫砂大家邵大亨。大亨一生留下如《钟德壶》、《掇只壶》、《龙头一捆竹壶》等绝世珍品。从简洁朴雅的《钟德壶》到复杂繁琐的《龙头一捆竹壶》，无不工极、艺韵。至今难忘顾先生在向我讲解大亨《钟德壶》造型时，眼里那熠熠神采。他也曾自学数学几何、化学配方、历史典籍。顾先生纱帐中搁板上是满满的书以及被煤油灯熏黑的一角，我至今记忆犹新。一生爱好读书，使他成为了工艺家中的文化人、文化人中的工艺家。因此他在陶瓷泥原料的配比、烧成的火候、工具的制作、使用以及更为重要的造型意境等方面，大大地超越了前人，自然而然地被业界公认为权威和泰斗。

综上所述，顾先生在做陶生涯中，划定了自身作品作为文人"茶器"——文化的工艺，这个清晰的界限。作品无论形体多么变化，"为茶事所用"是"本和源"，是紫砂之所以存在的理由，总能回到"茶之用"这个原点上，而不脱离本质。顾先生对紫砂壶在"茶事活动"这一充满文人理想的空间里所担当的主役角色，有着深刻的认识。蕴含着儒、道、释广博深远文化的"茶事"，令人油然产生敬意。反映在顾先生的紫砂壶中就是一种"虔诚"，一种精神内涵和意境；落实到作品上，是一生孜孜以求的一种"天成"的境界。而最终，顾先生的领悟和实践使他的紫砂器已然超越了工艺美术。

"我有不会说话的东西"，再听这句话，其实是充满了自信的，甚至不无骄傲。走到人生的暮年，这位老人对自己一辈子60余年的紫砂陶事业中所走过的路，所留下的脚印，一件件扎实的紫砂壶作品，毫不含糊，是自信的。他相信百年之后，自会有识者听懂这不讲话的东西——顾景舟紫砂壶，来代他表述一切所思所想。坚信自己的紫砂壶作品，在身后的代代流传中会得到人们的公正乃至较高的评价。

顾先生的"不会讲话的东西"里蕴含了怎样的工艺精神？在中国，自古就有"学而优则仕"、"劳心者治人，劳力者治于人"的观念，这是历史上文化人不屑于动手的工艺，而工艺人缺少文化素养是长期的状态形成的。一方面工艺人、造物者不再享有"圣人之作"（考工记）之尊严，沦落或自甘沦落为"匠役"，制品成为艺术的附庸；另一方面文化人放不下架子，缺乏与泥土打交道的勇气，远不如嘉道年间的陈曼生（陈曾亲自作壶）。两相脱离的尴尬状态，形成了当下工艺美术品的现状。

从顾先生的"不会讲话的东西"里，我们看到了在我国庞大的工艺体系里，在幸存的未遭破坏的紫砂传统工艺中，承接了明代文人工艺的那种精神气脉。这好比是中国工艺的遗传码，在我们当下的时代将会有极大的作用。放大到整个"大工艺"里来看，甚至由中国制造到中国创造的突破瓶颈，亦当在于此。

叶恭绰先生在《阳羡砂壶图考》之序中有云："……娄娄之匠役，间有一二豪杰奋起有所制作，又不为世人所重且恒易代而失其传，复无人为之记述致声沉响绝……"叶公之言差矣！今天顾先生紫砂艺术即将成册之际，庆幸有不会说话的顾先生的紫砂作品记述着这巅峰的文化之工艺与工艺之文化。大浪淘沙，真的艺术是永远不会消亡的，随着时间的推移只会愈来愈发出光辉。

此外附上，我与胞妹高英姿自幼与顾先生相处，亲如一家，30年如一日。20世纪90年代在顾先生积极鼓励下，英姿就参与编写香港三联出版社之《宜兴紫砂珍赏》，又著有《紫砂名陶典籍》等书。笔者与妻徐徐自1982年从师顾先生，深受教诲。今欣闻胞妹欲著此书，一展顾先生紫砂事业之艺品、人生。感慨激动，万千头绪，激荡于胸，肺腑之言虽欲畅叙，又觉笔底力不从心，不能呈先生艺品之冰山一角。今强为之写"前言"，只能算是为英姿之正文"洗茶"而已。

庚寅年清明于京华彬风堂

（作者系中国艺术研究院研究员、教授）

中国工艺美术大师顾景舟

第 一 章

艺术生平

第一节 紫砂故里 孕育成长

1915年10月18日,重阳节后一日,农历九月初十,顾锦洲(后改名景舟)诞生于江苏宜兴一个典型的江南小村庄——上袁村。

上袁村虽小,但是地理位置相当优越,它紧邻太湖,南面的青龙山和黄龙山是两座紫砂的原料矿山。上袁村又有着悠久的紫砂艺术的历史,自明代正德年以来,村中家家且耕且陶,是真正的紫砂之村,历史上诞生过陈鸣远、惠孟臣、邵大亨、邵友廷、黄玉麟等紫砂艺坛著名的大家。

顾景舟祖父早逝,祖母邵氏生有一子两女,儿子顾炳荣即为顾景舟的父亲。顾景舟出生时,家中略有田产可供出租,作为家中主要经济来源,父母和祖母还经常顺带做些茶壶,维持生计。但祖母和父母虽然做壶,却并不是高手名家,当时的上袁村,顾家的邻居有程寿珍[1]这位名手,而待到顾景舟开始从业紫砂时,邻居王寅春[2]也已经是凭"朱泥水平壶"出名的紫砂名手了。在紫砂故里成长,周围几乎家家从事紫砂,这对顾景舟来说,是从事紫砂行业,传承紫砂传统,地利、人和都具备的好地方。

不过,据顾老自己回忆身世,说祖上是山西人,明末曾经有祖辈任顺天府尹,后任山西巡抚。顾家后来到宜兴,落脚在吴洋渚,因祖辈采风公与伯不和,年初一祭祀吵架,才迁至上袁村。他的祖父好赌,而父亲又抽大烟、练武,才将产业败光了。顾家虽然败落,却对这位长男寄予了读书和仕途的厚望,希望他继续书香门第的世家传统,而没有打算让他以"做坯"靠技艺为生。虚6岁那年,顾家就把顾景舟送进了东坡书院(后更名为第六高等小学堂)读书。顾景舟的父亲受到"万般皆下品,惟有读书高"思想的影响,送子读书,这在文盲居多的农村是不多见的。

宜兴县第六高等小学堂原是东坡书院(图1-1),是传说中北宋大文豪苏东坡希望"卜居阳羡",买田筑室于蜀山南麓的遗址(图1-2)。从宋时的东坡草堂,到明代的东坡祠堂,至清朝的东坡书院,作为当地的最高学府是很受推崇的。明代的南京太常少卿夏暄就在诗中写道:"儒风变南夷,化雨沾东鲁。晚卜阳羡居,而与烟霞伍。悠悠楚颂亭,渺渺潇湘浦。"这座由周边八乡士绅出资,于1906年创办的东坡高等小学堂,课程设有"四书"、"五经"、《史记》、数学、英文、日文、中外历史和地理、体育、音乐等。1913年改名为宜兴县第六高等小学堂,由吕梅笙任校

图1-1 今东坡书院

图1-2 今蜀山老街

长，并亲授国文。1928年更名为宜兴县第七学区东坡小学。

当时的校长吕梅笙是一个有学问的开明绅士，顾景舟天资聪颖，深得校长的喜爱。东坡小学毕业后又随校长学习古文三年，这一段学习的美好时光，晚年的顾景舟仍然十分怀念，这段时光也培养了他良好的学习习惯，奠定了他扎实的文学基础，为他今后的紫砂艺术道路铺垫了文化的基石（图1-3）。

图1-3 《朱泥三足水平壶》早期作品

[1] 程寿珍是民国时期一位优秀的紫砂壶艺人（1857~1939年），号冰心道人，一生勤劳多产，年过七十尚能制壶，中晚年仅制作三式：掇球、仿古、汉扁。

印章有"冰心道人"、"八十二老人"等。1915年，在美国的旧金山举办的太平洋万国巴拿马国际赛会和1933年美国芝加哥博览会上，我国一批紫砂器获头等奖和优秀奖，程寿珍就曾获此荣誉，巴拿马和国货物品展览会曾得优秀奖。他最具个人特色的作品为掇球、仿古与汉扁，壶的风格把大流长、形态憨厚，但工艺上较为细腻，有粗中见细韵味。

[2] 王寅春（1898~1976年），制壶艺术往往是于传统中见创新，光素器与筋纹、花货及杂件类都能优长，并且善于创造新的艺术形式，如紫砂咖啡具等。一般底印有"阳羡惜阴室王"，把梢和盖内钤"王寅春印"。方印、印章由当时切玉圣手之称的潘稚亮先生为他篆刻。《倒把西施壶》、《亚明方壶》、《六方菱花壶》等为他的代表作品。

图1-4 顾景舟年轻时照片

图1-5 底款：墨缘斋景堂制

第二节　砥砺心志　献身壶艺

　　由于家境的困顿，17岁的顾景舟无法到中学学习，不得不中断学业，他回到家中，面临着新的人生道路的选择。

　　在认真思量后，顾景舟选择了紫砂，选择了祖母邵氏家族历代从事的职业。顾景舟学艺是下了决心的，同村的王寅春和前辈程寿珍的成功也给了他学艺的勇气。当时的王寅春已经是知名艺人，慕名上门定做壶的人很多；前辈程寿珍年过古稀，顾景舟常见过他仍然每天做壶，砂壶的气质简洁古朴，这些在一定程度上鼓励了无奈辍学的顾景舟，让他看到了这个行业的希望。顾景舟学习紫砂的启蒙老师是他的祖母。实际上辍学在家中，他17岁时已经开始帮着做活，18岁才正式下决心从业紫砂。晚年曾经有人拿来一把他早年的茶壶，他看到17岁时的习作，当时也感到惊奇，想不到习作也能留存在世。1993年访问台湾，在接受《中时晚报》采访时称自己是"18岁从祖母学艺，得地理人和之便"。他家中有自己的小书房，自号墨缘堂，学艺不久，他就刻了几方印章"墨缘斋景堂制"、"墨缘斋制"、"景记"，盖在自己的壶上。这在当时的紫砂业内是很罕见的举动，一入行就有堂、斋的名章，顾景舟此举，表明了立志涉足紫砂艺术，做有文化的紫砂艺人的心志。

　　年轻的顾景舟有心于紫砂，悟性又极高，出手不凡，两年后，已在行业内崭露头角。有了名气的顾景舟，慢慢地从辍学的痛苦中走了出来，看到了人生新的目标和希望。

　　20岁已成名的顾景舟，眼高手也高，每器必精，不完美就坚决不出手，因此他出道不久，作品就具有了一种其他艺人望尘莫及的独特气质（图1-4、图1-5）。

　　30年代，成名后的顾景舟被上海的古董商人选中，被聘请至上海郎玉书的郎氏艺苑，专事仿古制作，期间，他得以遍览历史名作，临摹过清代陈鸣远、邵大亨等人的作品。随着他对紫砂艺术历史不断深入的理解，心中确立了参照的标杆，那就是同村前辈艺人邵大亨和黄玉麟（邵大亨，秉性耿直，不畏强权，做壶每器必精，作品意境卓绝，清人高熙有诗文激赏。黄玉麟曾为吴大澂做壶，"每做一壶，必精心构撰，积日月而成，非其人，重价弗与"。清·《宜兴县志·黄玉麟陶艺》记载），他们成为顾景舟终身推崇的大家。顾景舟的一生中，无数次用小楷抄写大亨和玉麟传记，激励自己，也送给弟子学生，以励志（图1-6）。

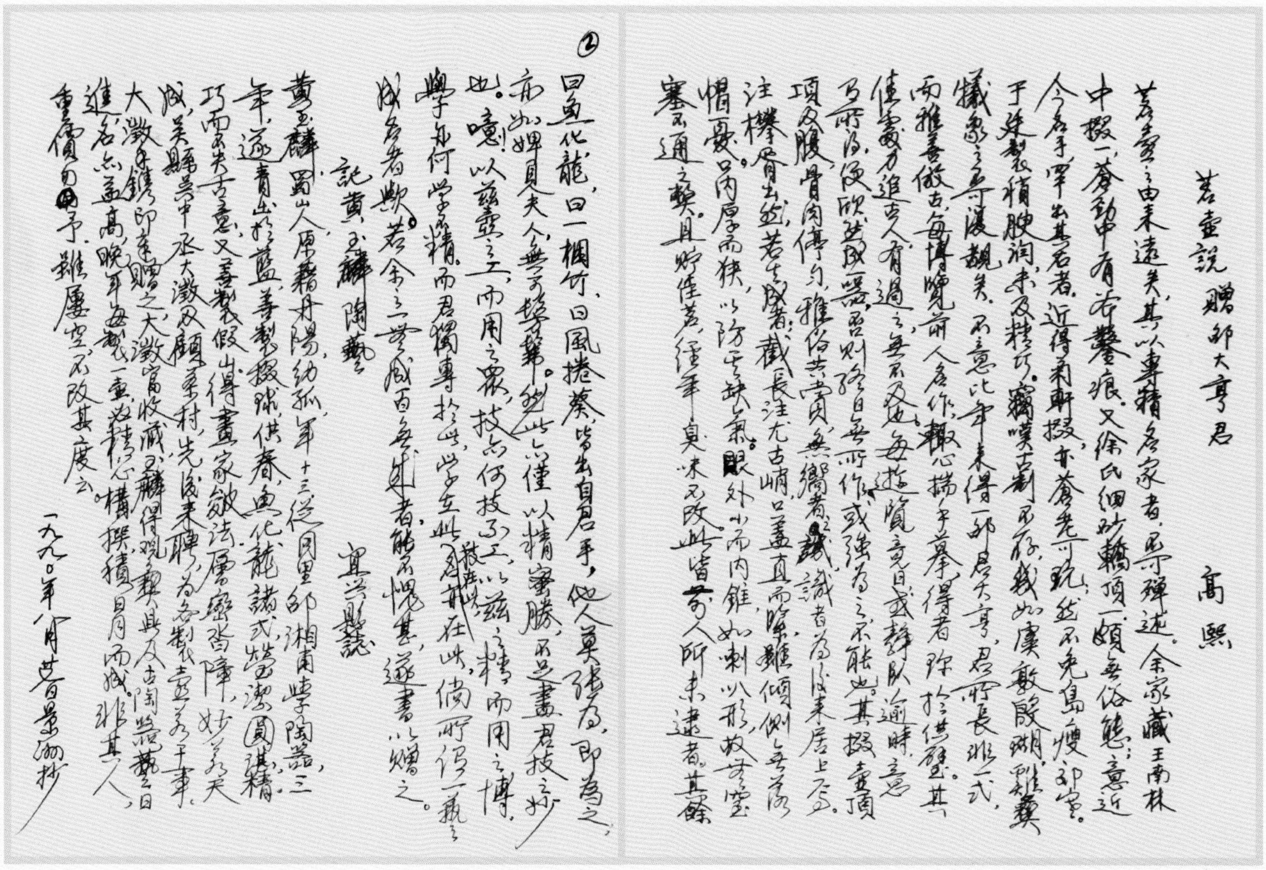

图1-6　顾景舟钢笔抄写的文字
左：摘抄清《宜兴县志·黄玉麟陶艺》　右：摘抄清·高熙《茗壶说·赠邵大亨君》

《邵氏宗谱》中有高熙《茗壶说·赠邵大亨君》一文，顾景舟抄录：

茗壶之由来远矣，其以专精名家者不可殚述，余家南林中掇一，苍劲中有斧凿痕，又徐氏细砂轿顶，颇无俗态，意近今名手，罕出其右者，近得菊轩掇，亦苍老可玩，然不免岛瘦郊寒，于廷制稍腴润，未极精巧。窃叹古制不存，几如虞敦殷瑚鸡彝栖象之不可复睹矣。不意比年来得一郡君亨。君所长，非一式，而雅善效古，每博览前人名作，辄心揣手摩，摹得者珍于拱璧。其佳处力追古人，有过之无不及也。每游览竟日或卧逾时，意有所得便欣然成一器，否则终日无所作，或强为之不能也。其掇壶，颈项及腹，骨肉亭匀，雅俗共赏，无响者之讥，识者谓后来居上。嘴錾胥屈自然若生成者，截肠注，尤古峭。口盖直而紧，虽倾侧无落帽之忧，口内厚而狭，以防其出。气眼外小而内锥，如喇叭形，均无窒塞不通之弊。且贮佳茗，经年嗅味不改，此兼前人所未逮者。其余曰鱼化龙，曰一捆竹、曰风卷葵，皆出自君手。他人莫能为之，即为之，亦如婢见夫人，无可仿佛。此亦仅以精密胜，不足以尽君技之妙也。噫，以兹壶之工而用之，众技亦何技不工，经兹壶之精而用之，博学亦何学不精？而君独专于此，学在此，技在此，名亦在此，倘所谓一器成名者与！若余之一无成者，能不愧甚，遂书以赠之。

顾景舟自视上述文字为自己的座右之铭，终身以此来砥砺心志。大亨遍览名作，心揣手摹，佳处要力追古人；大亨做壶要意有所得，即思考有所感悟，才欣然成器，不勉强做壶；大亨壶的气质在合理的功能下，不仅精密，要"无斧凿痕"，更有古意；更重要的是大亨"专于此学"，将紫砂艺术作为学问来钻研，这些给予顾景舟以无穷的榜样力量。后来，他还经常抄写这段文字送给自己的学生弟子，希望弟子学生也能够像自己一样领会和学习大亨的精神。

此时的顾景舟作为一个心高气傲的年轻名家，虽然在紫砂行业的小范围内已经获得了承认，但是他自己的心底却从未满足，因为他对于紫砂的历史和前辈艺人的成就，是有非常明确的认知的，而他的文化修养也告诉自己，这一行是学无止境、艺无止境的（图1-7）。

图1-7 《柱础壶》早期作品

图1-8 《竹笋水盂》陈鸣远款

图1-9 1995年，谢瑞华、高英姿、黎淑仪（后排左起）与顾景舟合影

第三节 艺海竞舸 崭露头角

1936年，顾景舟被上海的古董商郎玉书看中，请他和一些早就成名的紫砂艺人一起到上海郎氏艺苑工作，从事仿古陶瓷制作，他得到人生中非常重要的一个学习机会，期间，他仿制的古代紫砂名作中有时大彬、陈鸣远、邵大亨等人的作品。有机会看到古董商提供的明清两代紫砂名家器物，同时又与当时在上海的十多位紫砂高手竞争，对于年轻气盛的顾景舟不啻为一段技艺突飞猛进的时光。据他自己回忆，这一段时光大约三年多（23~27岁）。在临摹和仿制中，他的技艺趋向精湛和系统，紫砂光素之圆形器、方形器以及仿自然形的花货器型类、陶刻等都有涉及。对于砂壶各家流派风格以及印款和陶刻、鉴赏的眼力也有了很大的提高。

1988年10月，他在《壶艺的形神气》一文中写道："大亨为砂壶艺术杰出代表，清嘉道以后150余年，无有超越他者之上……我仿制的第一件作品就是掇壶，作于1936年……经仿制邵大亨的作品，壶艺水平产生了飞跃。"

当时他所仿制的作品，有的甚至已经超过了原作的水准，如临摹制作时大彬款"生莲居大彬"《高僧帽壶》、把下款"供春"印"壶叟"的《供春壶》，以及陈鸣远款的《龙把凤嘴壶》和《竹笋水盂》等，仿制水准极高，有些后来辗转流入故宫博物院和南京博物院等馆所，直到他几十年后为博物院做鉴定时才又与自己的作品重逢（图1-8）。晚年（1995年），在美国芝加哥博物馆任东方艺术部主任的谢瑞华和香港中文大学黎淑仪女士曾经问到上海仿古的经历，他对于早年自己和同辈艺人的仿制有这样的评价，他说"这是一段不光彩的历史，但是有制作者的创造"，因为有些古董商的商业行为是不道德的，这样说是不推卸责任的自省，也是对于当时自己作为一个二十六七岁的年轻人，得到学习机会，在艺术上从中得益的承认（图1-9、图1-10）。这一时期他的印章"武陵逸人"四个字，表明自己的心绪。"武陵"取晋人陶渊明的《桃花源记》："晋太原中，武陵人捕鱼为业。缘溪行，忘路之远近……"用这典故，似乎流露出对老板仿古做假采取回避的矛盾心态，愿做一个超然物外、耽于世外桃源的"武陵逸人"。"武陵逸人"甚至还表明他对家乡的依恋之情。

图1-10　《仿大亨壶》早期作品

图1-11　《洋桶壶》

1938年，日军侵略上海，市面一片萧条，郎氏壶艺无法经营，所聘人员被迫遣散回乡，顾景舟也回到了宜兴。他虽然在上海临摹仿古只有不到3年时间，却打下了坚实的技艺功底，在艺术意境尤其是气质追求上与此前有了质的改变。他的目标更加明确了，那就是刻苦地学习和提高壶艺水平，与上溯数百年的高手一试高低，要在历史上留下自己的足迹。

1942年，顾景舟一度应聘至上海标准陶瓷公司当模型技师。边工作、边做壶，作品有《三线鼎足提梁壶》，《洋桶壶》等，自号"自怡轩"。仿文彭印，用闲章"得一日闲为我福"；仿邓石如印，用闲章"足吾所好玩而老焉"；自镌"曼晞陶艺"壶印。这段时间，顾景舟自号曼晞，磨去"武陵逸人"印，自己镌刻一方在壶上用的"曼晞陶艺"的印章。曼晞，即曼妙的曙光，曼晞陶艺表明此时他对于紫砂艺术的自信和抱负，也是经历一番风雨历练之后，要一生奉献给紫砂事业所下的决心。

《洋桶壶》是他有意选择的壶样，他要用一件最为通俗的壶款创造出自己的艺术意境（图1-11）。

《洋桶壶》是宜兴地区喝茶人大家都喜爱的一种样式，因为壶身像汽油筒，当地人称之为"洋桶壶"，无论贫富，都喜欢拎一把"洋桶壶"到茶馆喝茶，久而久之，"洋桶壶"就成为茶人相互比较，甚至攀比的一种茶壶样式。在当地，谁拥有一把好的"洋桶壶"，是一件值得骄傲的大事。而"洋桶壶"看似通俗简单，要想做好，却很难。"洋桶壶"的做工和造型却有"行"（普通的，一般的）和"尚"（即具有艺术性）的区分，"尚"的"洋桶壶"极其难得。

顾景舟的"洋桶壶"，造型上要求身筒直而满，不能有"瘦"的感觉，要做到这点，第一，拍打身筒时，泥料要硬和烂（即干湿度）刚好适合，泥条被拍打时处在"醒"的状态，整片泥条都很活，一气呵成，身筒才不会"侧"（就是一种凹瘪不圆整的缺陷现象）；第二，使用篦只这种工具时，首先对造型要求必须理解透彻，做篦身筒的工具——篦只要与造型匹配，才能使简单的直身筒有饱满挺刮的神气。颈部厚薄、高矮适当，这就要求大只（颈部泥片）厚薄恰如其分，否则厚了颈部就高，薄了就矮，壶的颈部就会比例失当。壶肩部凹线舒展圆润，形成端正雅致的气质。壶嘴与直身筒相配，从壶嘴的根部到壶嘴出水处，线条和角度要贴紧身筒却又能舒展出去，有力度。在倒茶时出水线条漂亮而且壶嘴不蜓水滴，这就要求搓壶嘴和接上后琢壶嘴时有精准的造型感觉。壶盖的盖头篦只以及盖线和口线的线杠这些工具，也是自己按照造型要求制作的，盖线比口线略微大出一圈，俨然嘴唇般的吻合。盖子为"牛鼻子"盖。盖上的牛鼻孔大小适中,椭圆孔边缘两根线条从盖顶到盖边自然消失衔接,线条和盖子上的牛鼻孔,都处理得圆润而不失挺刮。

一把最为普通的"洋桶壶",由他做来,就成为案头雅物,有了儒雅的文人气质,神形俱佳。

紫砂老艺人裴石民,年少即成名,也曾经为上海多家古董商供货,后来为上海魔术家莫悟奇制陶,也一度在郎氏艺苑做过仿古紫砂器,是年长顾景舟20多岁的紫砂大家,看到顾景舟的《洋桶壶》后,认为凭这件作品,无疑可以当得起紫砂的头牌,并且由衷赞叹:了不起,紫砂出了高手了。

顾景舟做壶只售生坯,而当地的一位百岁老人——民族资本家华荫棠先生回忆,当年自己曾经出过两担米的价格买了顾景舟的《洋桶壶》。而当时年轻的顾景舟,有时从上袁村到蜀山街上茶馆或者徐祖安、徐祖纯开的福康陶器店喝茶、小坐,这时候许多坐着喝茶的人,甚至年长者都会站起来打招呼,说明当时的他,已经凭实力赢得了行业内外人们的尊敬。

20世纪40年代所做《洋桶壶》既是顾景舟在紫砂业内成名立足的一件代表作品,也是他对于传统样式造型和工艺上的一种重新解读。此时的顾景舟已经具有了统观紫砂历史全局的胸襟,技艺上也已经具备了站在历史高度来做紫砂、做艺术这样的实力(图1-12)。

图1-12　《洋桶壶》20世纪40年代作品

第四节　艺途多舛　君子自强

早年即成名的顾景舟，艺术道路和人生却经历了很多的磨难。

1938年，顾景舟离开沦陷的上海回到了家乡，23岁的他不幸染上天花，总算死里逃生，他曾经回忆说：当时我好像闻到了"死亡"的味道，就像被埋在土里的土腥味。他的祖母日夜焚香祈祷，总算老天开眼，在缺医少药的情况下，居然痊愈了，脸上却留下了疤痕，这对于原本清秀俊朗、追求完美的他来说是一个极大的打击。自视清高却受此打击的顾景舟在婚姻上也一直不顺利。他在婚姻上也是一个完美主义者，其择偶标准晚年也与小辈闲聊过，要求身材修长性格文静、贤惠能理家的女子。直到1964年，年近50岁的顾景舟才与勤劳朴实、贤惠能干的徐义宝女士结合。

1942年，国难时期，顾景舟赴上海标准陶瓷公司任雕塑室技师，工作是翻制模具。当时他月薪100元大洋，是非常高的薪水，足以养活父母和两个弟弟。他一个人在上海，闲暇时做做壶。这时，他自己刻了"自怡轩"、"自怡轩主人"印章用于壶上，是生活得到保障、做壶时已比较闲暇的表白。但是好景不长，这家公司因贩卖日货等事受到大家的抵制，顾景舟于年底回到家乡。在抗战时期，到处是民不聊生的景象，哪里还有闲钱和闲心来买茶壶呢！顾景舟一家人的生活很快就陷入困境，他这时感到做壶已经是为生计而劳作，人生如浮萍，在风雨中飘摇，他刻印"瘦萍"、"老萍"用在壶上，可见当时的心境。1942年后，他虽然也往返于上海和宜兴两地，但是再也没有长期在上海工作。1951年，因为有在标准陶瓷公司工作的经历，由同辈顾浩元介绍，他去上海天原化工厂应聘（德国人创办），很快被录取，但是体检时却查出得了肺结核病，只得回家修养。大病后，他更专注于紫砂技艺和历史文化的研究，他经常看书（由于晚上在蚊帐中看书，电灯常年亮着，蚊帐被灯熏得变成了黄旧颜色，这一习惯保持到晚年）研究陶瓷工艺和化工方面的科学知识。为探究紫砂工艺发展的历史和文化脉络，多次抄写明清陶瓷著作《阳羡茗壶系》、《阳羡名陶录》，仔细咀嚼体会紫砂历史文脉。

1952年，病愈后的顾景舟收了平生第一个弟子——老朋友和亲戚徐祖纯的儿子徐汉棠，悉心教导。那一年，他已经是37岁。

1954年，他在宜兴紫砂行业第一个响应国家的号召，积极参加汤渡陶业生产合作社蜀山紫砂工场的筹建工作。解放时紫砂行业已经非常萧条，工场初期只有

图片1-13　顾景舟《云文三足鼎壶》
盖印:顾景舟　底印:宜兴汤渡陶业生
产合作社出品

图1-14　顾景舟授徒时的情景

59人，1955年10月，蜀山紫砂工场从合作社独立出来成立了蜀山紫砂工艺社（即紫砂工艺厂前身），顾景舟任生产理事委员兼技术辅导员，负责紫砂工艺班的招生和技术辅导，与朱可心、任淦庭、裴石民、吴云根、王寅春、蒋蓉并称7位老艺人。

《云文三足鼎壶》是顾景舟早期创作的作品，该壶集多种装饰手法以及成型工艺于一身，今天已成为经典样式（图1-13）。其圆壶身，直大只与直盖座，戳印连续回纹，形成一段直而合缝的颈部，寰底，加如意形矮三足，肩装饰一根圆肩线，线下贴饰印版印出云头如意纹，每瓣如意纹都用薄脂泥粘贴。壶嘴配合壶身，短而略作三弯，壶錾与壶嘴理出如意筋纹，壶纽为宝珠式，也同样理出如意筋纹。这件作品在顾景舟作品中是比较华美而多装饰的一件。印、贴、琢、塑、理，装饰手法不可谓不多，也要用到多种工具，但是这件作品做到了处处干净利落，在多样的装饰中显示出工整和精致，壶嘴錾贯通一气，壶之肩腹、底盖的弧度衔接自然，个段分明，造型饱满柔和，在华美韵致中别有一番矜持和庄重。

这段时间，顾景舟虽然居无定所、孑然一身，但是紫砂行业受到国家的重视，在行业里受到尊敬，可以培养紫砂的接班人，因此，他的精神状态是非常好的。据徐汉棠和紫砂工艺班的学生汪寅仙等回忆，他在教技术时非常严肃，甚至苛刻，大家都有点怕他。但是，休息时却很放松，非但自己来一段《盗御马》、《四郎探母》，有时还会教弟子高海庚、李昌鸿唱几句京戏，说说笑话，大家都称他为"顾辅导"，一直到他去世，全紫砂厂的职工（已有一千多人），仍然这样称呼。他也把当时弟子高海庚等人当作自己的孩子，既传授技术知识，又关心日常生活，这种师徒如父子的关系一直维系到下一代身上。这一段时光中的顾景舟，用"啜墨看茶"闲章，表达闲适和愉悦的心情（图1-14、图1-15）。

1956年，紫砂工艺社改为紫砂工艺厂，顾景舟被国家授予"工艺人"称号，这是建国初期工艺美术行业的最高荣誉。

1958年大跃进年代，讲究工艺和科学，脾气耿直的他也难逃厄运。因为在当时的紫砂工艺厂也卷入盲目机械化中，顾景舟因直接说出反对意见而被批判，说他整天捏壶，赶不上时代，是"右倾"典型，罚他从手工车间调到机械车间去研究车床辘轳。顾景舟在委屈中并没有消极对待，他仍然去认真完成工作，在一次车床作业中，不慎被一只辘轳击中头部，差点要了命。晚年他常说到这起事故。

1959年，他被任命为紫砂厂技术研究所副主任，负责技术业务。此后，为开发紫砂销路，他带头搞技术革新，与高海庚等人创制上釉啤酒杯，研究紫砂注浆成型

图1-15　今蜀山顾景舟故居（毛家）

图1-16　顾景舟夫妇

图1-17　顾景舟携家人及高海庚夫妇与上海戴相明一家合影

图1-18　1988年，顾景舟在北京参加艺代会

技术，做紫砂茶叶揉碾盘、设计餐具和高档花盆等生活实用品，屡屡得奖。1959年，参加北京人民大会堂江苏厅的布置工作，设计了成批餐具和高档花盆。1964年，他与徐义宝女士结婚，过上了温暖的家庭生活。六七十年代，虽然物质不丰富，政治有风波，但在总体上是他一生中艺术和生活比较平稳的年代（图1-16~图1-18）。

有了家庭后，恬静的日子却并不长久，晚年，小他10多岁的妻子在1983年被查出鼻咽癌，顾景舟在上海陪伴妻子医治，那年他已69岁。"癸亥春，为治老妻痼疾就医沪上，寄寓淮海中学，百无聊中抟作数壶，以纪命途坎坷也。景洲记，时年六十有九"，他让弟子周桂珍带来泥料和工具，在上海十分简陋的条件下，创作了《鹧鸪提梁壶》，在壶底，记下了感伤与无奈。《鹧鸪提梁壶》形神似飞鸟，取名鹧鸪，"青山遮不住，毕竟东流去，江晚正愁余，山深闻鹧鸪。"（宋·辛弃疾《菩萨蛮·书江西造口壁》）。此诗情景恰似顾景舟当时的悲凉心情。期间，还制作了小供春壶。在寄寓淮海中学的简陋条件下，在为妻子的疾病担忧中，唯有紫砂艺术能够给予他精神的慰藉。抟砂，成为排遣苦闷的最好方法（图1-19）。

1984年，顾景舟晚年失侣，1985年12月，最得意的弟子高海庚又突发心脏病去世，接连而至的打击，让古稀之年的他觉得人生坎坷，艺途多舛。更没有想到，年近80岁时，儿子燮之又得重病，身处危险。他回忆自己人生和艺术事业——有天花的厄运，死里逃生，经历国难、"大跃进"，在"文革"期间受到排斥，遭到攻击批斗，晚年种种磨难好像专来考验其意志。但是，他有紫砂艺术支撑，他是不会向命运低头的。

顾景舟在上世纪80年代后期担任紫砂工艺厂研究所名誉所长。他考察走访古代陶瓷遗迹后，撰写了多篇论文，1991年还主编《宜兴紫砂珍赏》（香港三联书店出版）。同时，在他的古稀之年也未停止紫砂壶的创作，1987年做了《玉璧盖提梁壶》，1989年做了《高僧帽壶》、《如意仿古壶》、《此乐提梁壶》，1993年做了《虚扁壶》，坚信自己的艺术生命将焕发出新的活力。

"为紫砂撑过篙，摇过橹"——顾景舟自己曾经说过这样的话，在坎坷的人生磨难中，始终将紫砂事业作为鼓舞精神的力量，在紫砂产业困难时用自己的技艺和智慧帮助大家共度难关，在经济好转时又时刻为培养后辈接班人而费尽心血。他为紫砂岂止是摇橹撑篙，实质上是与其他老艺人一道起着把舵的作用，让紫砂这条船沿着正确的方向劈波前行。

图1-19 《鹧鸪提梁壶》　盖印：景舟　1983年作　（摄影：黄怡嘉）

底刻款："癸亥春，为治老妻痼疾就医沪上，寄寓淮海中学，百无聊中抟作数壶，以寄命途坎坷也，景洲记，时年六十有九"。从创制壶形到刻款
用情最深的一件作品。

第

二

章

艺术成就

第一节　格物致知　规矩方圆

顾景舟在紫砂业内有一句人人知道的名言，叫做"没有规矩，不成方圆"，因为他经常用这句话来喝斥那些他教过后还是不按照规矩摆放工具、动作仍然不规范的学生。教其他工艺手法、造型法则和工具制作也是如此。他平时经常巡视生产车间，看到不规范的工艺手法，他会严厉喝斥"没有规矩，不成方圆"，并亲手示范。

学生弟子回忆起来都害怕被顾辅导这样骂。实际上顾景舟所讲的规矩，就是紫砂工艺中的一整套工艺法则和规范，如果违背这些法则，往往做不出好的作品，事倍功半。这些规矩和法则并不都是老祖宗定下的，顾景舟通过自己的实践，从代代相传的传统中领会、理解了这些法则，同时又融合进自己所思所悟的心法，言传身教，手把手的传教给下一代。

顾景舟的学习钻研非常深入，他常常说要格物致知，物就是物理，什么事物都要钻研出一个道理、原理，从这些道理中悟到合理的做法、合理的工艺。他说，"知其然"，更要"知其所以然"。只有从合理的工艺法则中生发出的创作作品，才能自然达到"方圆"的形式和要求、才能水到渠成。因此，在顾景舟的一生中，研究和创作总是在同时进行着，他对紫砂传统工艺的研究和传承是他艺术成就不可分割的一部分，也是他对于紫砂事业的重要贡献。

研究工艺流程　1946年，全国农业银行拟在江苏省镇江市召开全国省级银行第六次座谈会，决定订做会议纪念品紫砂壶100把，并把此事交给时任宜兴分行蜀山办事处主任的周志禄。当时紫砂业与其他工艺行业一样，十分萧条。与周志禄邻居的福康店老板徐祖纯接到这批订货，就将任务交给了顾景舟，当时每件壶大概一块多银元，顾景舟可得四成。这是窘迫的生活中非常重要的经济收入。但是壶的质量要求高，时间仅仅一个月，顾景舟邀同村艺人沈孝鹿做下手，两人搭档，一个月后壶全部做好，还多做了10把，请吴同构书写、诸葛勋陶刻"座有兰言""全国省银行第六次座谈会纪念　江苏省银行敬贺"。盖印为"顾景舟"，底印为闲章"足吾所好玩而老焉"（图2-1）。

这是顾景舟一生中最大批量的一次做壶（"文革"期间也做过，但没有这么多）。但是，对于一个处处钻研讲究物理的人来说，批量的做壶，自要研究出又快又好的方法。这件仿鼓壶的样式并不是顾景舟后来自成风格的仿鼓壶造型样

图2-1　《"座有兰言"仿鼓壶》
顾景舟1946年作

式，是根据要求用汪宝根的一捺底仿鼓壶样：有底片、满片、壶身筒泥条、大只、口片（即口线片）、盖座片（也是盖的线片）、盖虚片、子口、壶嘴、壶錾、壶纽，仅仅打泥片要6块，泥条一根，其他壶錾和壶纽。步骤上，打好泥片，底片要虚（即用内盔，将寰底做出一个圆穹形），拍打壶的身筒，拍打好壶的身筒上底片时，底片大小要正好，粘好后做出一捺底，底片和泥条的硬烂基本一致，粘接的脂泥不干也不稀，经得起挤压和拍打。壶身拍打好后要搋身筒，搋出所需要的造型弧度，手法上是越搋越紧、越粘越牢。而一捺底的弧度不能有损害，要和缓而饱满，既撑住身筒底部又与身筒粘接合缝。搋好身筒后篦身筒、壶肩、壶腹、壶足，底部的一捺底弧度，都要用自己制作的工具，即各种弧度的篦只，确保弧度饱满漂亮和整体。身筒做好"上"大只——即颈部，大只一般先晾好后再上，这样在"复"脂泥做颈部和上口线片时，泥片较硬，就吃得住工具的勒和压。再将晾好的口线线片粘上，用线杠勒出口线。这样，茶壶的身筒基本做好。而盖子需要将座片打好先晾，用做虚片的泥片稍烂一些，虚好盖子的圆顶后，将这个拱形的泥片"上"在座片上（即粘接），同样要"复"脂泥，使盖子顶与座片之间浑然一体，这一步为"全盖头"。再用盖头篦只，篦出盖头穹顶，勒出盖边线；打出子口泥条，"上"子口，然后将盖子座片开出，在盖子里"复"脂泥，用竹制小工具"完"盖头，盖子就基本完成。在做壶身、壶盖的同时，已经照需要"约"好嘴錾，晾过，已经定型，可以切出壶錾的长短大小，"上"壶嘴和錾（即安装），等粘接嘴錾的脂泥基本收干后，可以用揉好的壶錾泥，"琢"壶嘴和錾（即加减泥，塑出嘴錾的形体，尤其是与壶身相接处），使之与壶体连接自然，线条流畅。

"琢"好壶嘴和錾，用自制的牛角工具"明针"来研光壶嘴錾，"光"身筒和壶盖。最后是手工用小竹管做的工具"镝棒"捻壶纽，装壶纽。而此时壶的干湿度恰恰逐渐变干，到"了"坯时，里外检查修正口盖，都只是稍稍调整，最后用细腻软布轻擦坯体内外，"校坯"，就完全结束。工艺步骤非常多，而在短时间内，先做什么，后做什么，晾到怎样的干湿度可以粘接，甚至一块泥块切下来的大小要正好，搭只敲几下，一根泥条切多少泥，搭子怎样几个来回就能够打匀泥条，……这些工艺步骤不但在制作前要仔细考虑好，而且更要在做的时候有良好的泥感、节奏感，以及眼到手到的造型意识。每个工艺步骤都要合理、规范，才能既省泥又省力，又快又好。一个月一百多把茶壶就在一个合理化的工艺流程中诞生了，且件件都能达到相当高的水准。

紫砂壶制作的工艺流程在顾景舟的提炼下，总结得更为合理，也能多、快、好、省。而他后来把这些合理的工艺手法和经验总结为一种行业的工艺规矩来教育下辈艺人,培养艺徒。顾景舟的徒弟周桂珍介绍:"当时只要顾老在工场门口出现,所有的人会感到紧张。因为他对成型操作的手法、工艺程序、坐姿、泥凳的干净整洁等要求严格,毫不留情。"

人们常说"慢工出细活",顾景舟做壶却并不慢,与生俱来的泥感也非常精准,他重视的是工艺上合理的节奏,是顺应泥料的自然性子,所谓"慢",在顾景舟,可能更多的时间用于工具制作、用于思考流程的合理性上,也就是他常说的"磨刀不误砍柴工"的道理。

要又快又好,是他对弟子基本功进行训练的一项。大弟子徐汉棠回忆说:"我在顾老的辅导下做的第一件作品是:茄段。做一只茄段的工资是1角4分半厘钱,那时候在生产合作社是计件制的。我后来能够达到一小时做一个茄段,纯手工制作。最多的记录,我能一天做16把壶。这些基本功的养成,都是在顾老的要求下,加上我自己的努力完成的,没有这些基本功,是达不到今天的成绩的。顾老当时对我们的要求是:在保证质量的基础上,要速度快。因为那时的工作需求,计件制的要求,每件壶要一样大,质量都不能有瑕疵。顾老与其他老艺人不一样,他教授打身筒的手法、工具摆放的位置、每件壶的比例要求、动作姿势、配料、用力方法等细节,有极其严格的要求。"(图2-2~图2-7)

弟子葛陶中也说,顾老特别讲究工艺的程序。"他把自己总结出来的经验教给我们,当时并没有感觉到什么。但是,等到10年以后,自己悟出来,顾老规范、严谨给我们带来的影响。"在《严谨治艺 严格执教》——缅怀顾景舟大师一文中,葛陶中写道:"我于1976年6月进厂……在李碧芳老师授课下,接受了两年的徒工培训,正逢研究室选拔考试,与同时进厂的徐唯明、江建翔、刘建平、李慧芳五人一起中选,我们各有辅导老师,而顾老则是我们的总辅导。那几年,我们亲身感受了顾老严谨的治学和严格执教的态度。记得顾老为我们选定的第一个品种是茄段壶,要求全手工制作。一张泥凳放在中间,我们5人围在四周,顾老边示范边讲解,从最基本的成型手法开始,如泥片、泥条如何打得厚薄均匀,怎样掌握力度围好壶身,'一捺底'的处理方法,怎样收口,壶的肩部又要怎样才能有力,他边做边讲,耐心细致,一丝不苟,反复强调操作的要求,并全神贯注地示范制作;接着让我们动手,要求每天多打壶身,做到全部合格了,才教我们上大只、搓嘴錾、全盖头,循序渐进,合格一步,前进一步。"

已经有了两年工艺学习经历的葛陶中,顾景舟仍然让他从最基本的打身筒重新学习,可见他对于工艺手法和程序规范的重视程度。

图2-2 打泥片

图2-3 围身筒

图2-4 上口片

图2-5 琢嘴

图2-6 打底章

图2-7 刻壶

研究工具原理和改进 顾景舟重视的"理"和规矩,还表现在他对于紫砂工具的原理研究和制作中。他经常挂在嘴边说的就是"工欲善其事,必先利其器",要做好茶壶,先要懂得做工具。

大弟子徐汉棠已年近花甲,他拿出一件工具——矩车,回忆过去顾景舟收他学徒时的情景(图2-8)。"我1952年跟他学徒,他与我爸爸非常要好。我初中毕业后,我爸爸说,你要学紫砂,只有跟顾老学。后来我爸带我去见顾老。顾老说,要拜我为师可以,先做一件事:做10个矩车给我看。后来,我做了10个,给顾老看,顾老很满意,就收我为徒。后来,我就在他家学徒。"做工具,是顾景舟给徐汉棠"入学"考试的第一个题目。

顾景舟对基本功的要求很高,其中"做工具"就是基本功之一。紫砂各个品种样式都要制作相应的工具,所有的工具都是亲手制作,要求合理好用。紫砂行业内,谁都知道顾景舟的做壶工具最讲究,对工具最"顶真"。一把水笔,用粗布折叠、扎紧,他在徒弟们身边走过,看到水罐中粗制滥造的水笔,生气地拿起来就摔到了窗外。顾老有几百件工具,每件工具都是亲手制作(图2-9~图2-23)。教徒弟时,都是先从做工具开始的。因为工具关系到壶上每一个细节的成型。细数一下,他的一把掇只壶,曾经用120件工具和120多道工序来完成(图2-11~图2-23见本书p36、p37)。

徒弟们回忆,"顾老要求我们把工具做到极致,才能把每个细节做好。为了细节造型,我们必须专门打造工具,工具不仅手感好,也能为器型的形成起到重要的作用。所以,慢慢地,我们的工具就积累下来了"。在顾景舟的倡导和教育下,弟子们也十分注意工具的制作和积累,渐渐地,顾景舟一脉的艺人,他们制作茶壶的工具也成为区别于其他流派艺人的工艺特色之一。

顾景舟所用尖刀小拍子,也是与众不同的。看起来像竹拍子的工具,其实不

图2-8　徐汉棠学徒时的矩车

是拍子，而是一种使用范围非常广的工具。它的面是略有弧度的，边缘如韭菜叶边，有厚度，比较圆润，尖的一头可以用它来刮、压、抹，也可以用来作为雕塑时的添加和塑造。而面可以用来处理大的块面，竹尖刀的下部方形的把手，几个方角都是方中有圆，每一个角都可以用来派上用场。这种做工具的理念在别的艺人中可以说是绝无仅有的，因此，只要拿到顾派弟子的工具，就能一眼识别。

篦只：是塑造壶体造型中非常关键的工具，茶壶的造型是否能够完美，篦只的好坏直接的关系。顾景舟认为茶壶的壶身即使再简单也有"肩""腹""足"的一个比例关系，以及相互间的衔接拍打时心中对此已经有了尺度，而拍好后"篦身筒"这一道工序，是规范形体，完善形体的重要步骤，而工具——篦只，就是准确塑造肩、腹、足的特制工具，各部位有专用的篦只，而篦只的弧度要制作者根据自己的造型理解来制作，而且三部分的造型互相要能和谐成为整体。他经常讲身筒要"和"，这个"和"既是让形体线条规范、顺畅，更是造型上肩、腹、足三部分的浑然一体的"和"。因此，他的篦只有许多个，用于独特的造型，也充分体现了他在造型塑造上的观念。

为了做好工具，他对各种材料金属、竹、木、牛角、皮革等也认真研究，而削、磨、挫所用到的刀、挫子、金刚小挫等等，做工具的工具也要分出个合理优劣来。他有大小不同的9把拍子，分别用不同的材料做成，轻重不同、大小不同、形状不同，分别用于拍打制作不同大小类型的壶。

顾景舟传授的制壶流程严谨，图2-24~图2-36为徒弟周桂珍演示由顾老传授的部分制壶流程。（见本书p38~p43）

图2-9　木转盘

图2-10　木转盘侧面

图2-11　尖刀小拍子

图2-12　木拍

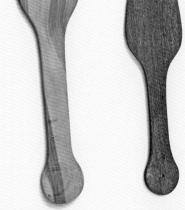

图2-14　木拍　　　　图2-15　木拍

图2-13　自制的水笔

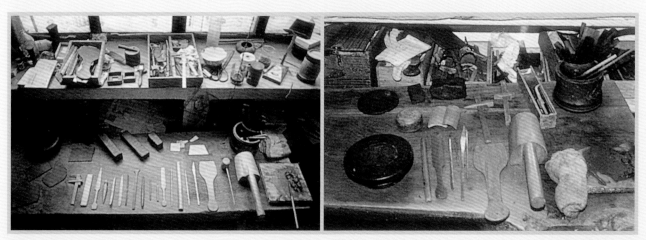

图2-16　顾景舟使用过的部分工具

图2-17　篦只

图2-18　复只

图2-19　篦只

图2-20　篛皴刀、铁尖刀

图2-21　壶嘴内用工具、复只、完底石

图2-22　提璧壶专用勒只

图2-23　砑光皮革和完盖竹片

图2-24-1~图2-24-9　将泥块打制成泥片

图2-25-1~图2-25-5　从泥块到泥条

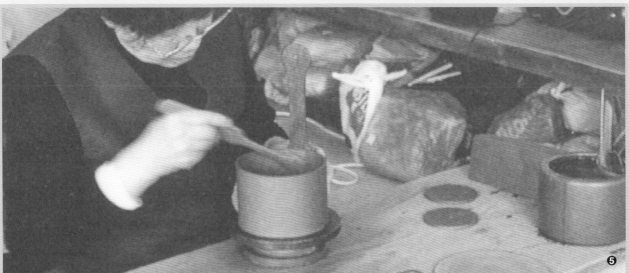

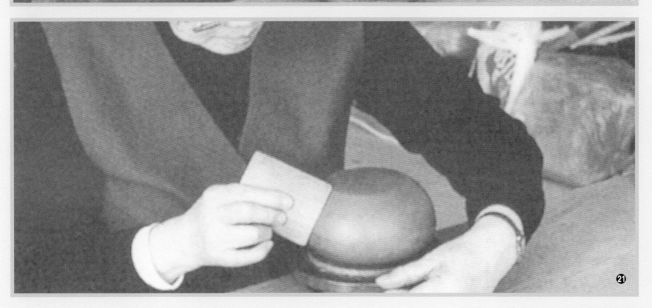

图2-26-1~图2-26-21　拍打成型的制壶过程

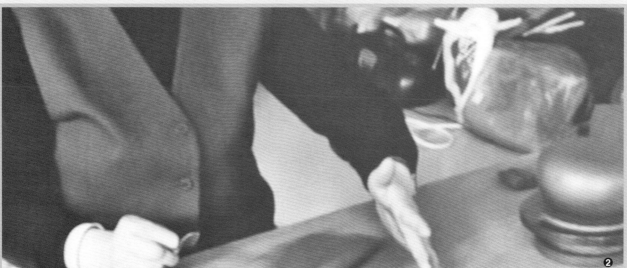

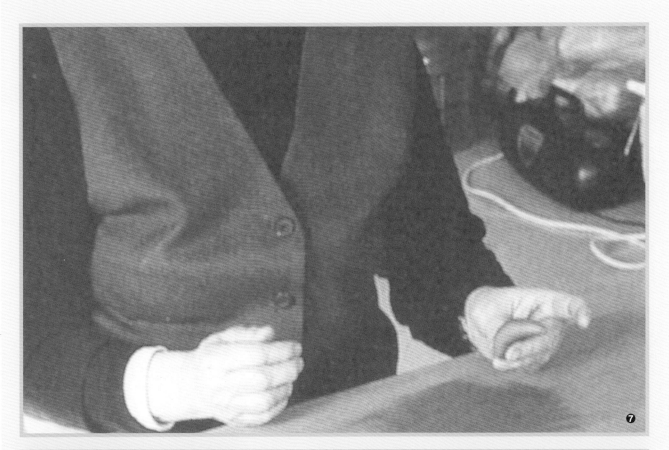

图2-27-1~图2-27-8　壶嘴、壶把的搓制与安装

图2-28-1~图2-28-4　砑光与了坯

图2-29 《沁泉壶》最后成品

图2-30 《紫泥井栏壶》的色泽（局部）

图2-31 《僧帽壶》顾景舟调砂后的质感（局部）

研究紫砂原料和烧成工艺 顾景舟对紫砂泥料的选择和处理也深有研究，在《宜兴紫砂工艺陶》一文中，总结道："紫砂泥是红泥（朱砂泥）、紫泥、团山泥（本山绿泥）的总称。这三种基泥由于矿区、矿层分布不同，烧成时温度稍有交叉变化，则色泽变化多端，耐人寻味，妙不可言。其中以朱、紫、米黄三色成为紫砂器的本色，而朱有浓淡，紫又有深浅，黄富有变化，如果辨色命名，可称：铁青、天青、栗色、猪肝、黯肝、紫铜、海棠红、朱砂紫、水碧、沉香、葵黄、冷金黄、梨皮、香灰、青灰、墨绿、桐绿、鼎黑、棕黑、榴皮、漆黑……诸色。"对好的材料，他是惜土如金。女弟子周桂珍讲起过去的一件往事时仍然记忆犹新。当时大家帮忙大扫除，完了顾老在工作室里转了好儿圈找东西，一问才知道找的是一罐干了的朱泥浆，得知可能被扔悼，连叹可惜，说那种朱泥是真正的紫砂朱泥，颜色朱红，艳而不俗，可以做"粉"红泥的作品，化开后可以做不少作品呢。

除推敲紫砂色调外，紫砂的质感肌理也可以细分，可以调配。如细细观察，各种泥色里又有白砂星星，如银砂闪点，日光映射，宛如珠翡。或在泥中和以粗泥砂或钢砂则谷绉（好的绸缎）周身，珠粒隐现，更是夺目。

而顾景舟通过自己对于茶文化历史的研究，结合紫砂的物理性能，也证实了"砂泥制成的宜兴紫砂壶成为大家公认的最为理想的注茶器。历代嗜茶者通过实践作了较完美的解答"。对于紫砂材料的宜茶性明确地作了肯定，并且在自己的技艺实践中，运用工艺手法，自觉调动泥料的这一特性。例如，他在打泥片、泥条前，先将泥料捶打，做好准备工作，等干湿、硬烂恰好时再开始动手打泥片，他称为"活"泥；而制作过程中，始终注意保留这份"活"劲，既不将泥打"散"，也不能让泥打"僵"；而表面研光后，壶内却仅用竹工具"推墙刮底"，壶壁内松外紧，非常宜于冲泡，使紫砂作为茶器的优良性能发挥到极致。

他搜集原矿样本，也教学生弟子辨别泥质的优劣，烧出试片作比较。在烧成温度上，他凭借自己的经验，往往能够准确地知道烧成温度，放在哪个窑位合适。这一点连窑场上有丰富经验的烧窑师傅都能听从他的意见。在研究泥料的矿层出品和烧成色泽基础上，他非常注意处理做壶的泥料，在动手准备做壶前，就要处理好要用的泥料，而适宜做壶的泥，更要自己懂得锤炼、懂得怎样才能使生泥料变成"熟泥"，既好做，又能烧出好的色泽和温润的手感（图2-30、图2-31）。

他的弟子们都经过这样的训练，顾辅导要求他们一团泥整整捶练了三天，教他们正确的用力姿势和方向，用韧劲而非蛮力，识别挤掉空气后熟泥的成色，从而使他们掌握从生泥到熟泥的全部要领。而打泥片和打泥条时，也要"活"，不能把泥打僵，要让泥分子活起来，因此要求徒弟一块泥片打13下，多打就不行。看似过于严苛的要求，实际都来自他对于紫砂泥的敏锐感觉以及经验总结。

研究紫砂传统造型法则 顾景舟潜心研究紫砂传统造型法则，传统经典名作可以说是烂熟于心，在仿制古器和教授弟子的过程中，又不断悟其精髓，尤其潜心总结紫砂工艺技法与造型传统的共生关系，做到在遵循传统工艺法则和传承传统造型艺术的基础上，推陈出新，创作出在历史长河中有一席之地的佳作（图2-32）。

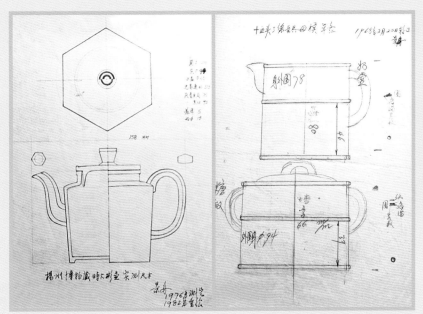

图片2-32　顾景舟壶艺研究手稿

他谈到什么才是一把好壶，是讲鉴赏和创新，也是平时教育弟子时经常说的话，其实就是讨论一种紫砂传统工艺与造型艺术的关系：

"砂壶造型千姿百态，可谓汇集器皿造型艺术的宝库，其间蕴藏着丰富多彩的完美器形，汇集着历代艺人的创作智慧，经数百年来的反复提炼、修改，日臻完善，沿传至今，虽古犹新。……掇球壶、仿鼓壶、汉扁壶、线云壶、菱花壶、合菊壶、风卷葵壶、鱼化龙壶……各呈仪态，蕴蓄着紫砂壶艺独特的风格和内涵的精华。"

他视传统经典为源头活水，听说弟子李昌鸿有志写作紫砂造型研究《矩形美》一书，非常高兴，亲自绘图，深入解剖传统茶壶造型的形式特征，用几何学的比例图形绘制草图，画了许多个传统样式：扁蒲壶、眠龙壶、君德壶、半瓢壶、矮梨壶、一粒珠壶、线圆壶、虚扁壶、扁厦壶、线瓢壶、梨式短嘴壶、汤婆壶、合盘壶、三脚鼎壶、升方壶、秦权壶、胜式壶、洋桶壶、龙蛋壶、寿星壶等造型图稿，每件都是他认真研究和记录过的样式，为仿制和创作奠定了基础。

例如他研究"寿星壶"、"龙蛋壶"、"洋桶壶"、"盘底壶"等历史上批量生产的款样，据笔者在1990年时的笔记，他对这几款壶样的造型和工艺法则都有认真的总结，认为虽然是普通产品。但是，那是几百年来不断得到提炼和完善的紫砂传统造型成果，非常富有民族韵味。而在制作工艺上又非常合理，符合多、快、好、省的工艺原则，如"寿星壶"的加底底片，开出的加底泥片恰好是下线的线片，这样就省掉了一块泥；而"龙蛋壶"的加底开出后恰好可以做成颈部的大只。在省工省料的工艺中，还能够恰当地处理弧度的和谐与完整、器型的饱满和挺拔，这些都是紫砂真正值得传承的造型和工艺传统。

在研究传统造型和工艺的基础上，他对于紫砂这门古老工艺的造型"创新"提出了自己的见解，通过历时半个多世纪的探索和不断总结，认为壶艺创新要注意三个要素——

其一是形，即壶的形象，也就是形状式样。这来源于对造型的熟习深度，取决于自己的精心设计。要明确地安排制作壶的大的"面"，即壶身；要鲜明地强调壶体每个部分，嘴、鋬、口、底、足、盖、壶纽所支配的方向。由点、线到面，交待清楚线条的来龙去脉，缓冲过渡，明暗转折，虚实对比。这样才能深入空间而获得形的深度。把点、线、面处理好以后，一切也就找到了，作品——形，已经具有了生命。

其二是神，即壶的神韵，也就是通过形象表达散发出的情趣。创作的时候，万不可仅在平面上探求，而要在起伏上思考。一切生命都是从一个中心迸生出，然后由内到外，滋长发芽，灿然开花。要设想形象（壶）正迎着你，向你凸出、向你诉说、向你表达。这种形象具有一种强烈的内在冲动，这样的艺作就具有了生命，就有了神。

其三是气，即壶的气质，也就是形象内涵的实质性的美的素质。紫砂壶艺是实用工艺美术产品之一，是具有艺术气质的实用品和装饰品，要求产品的气质要美。因为壶艺产品是为生活服务的，这就是要求做到美与实用相结合。装饰生活，适用于生活，既方便实用，又能陶冶性情，从使用中获得美的感受。这就是气质上的美，是健康的美，而不是病态的美。艺术的本身就是感情。如果没有轮廓、线条、体积、比例学问，没有基本功扎实而又灵敏的手，最强烈的感情也是瘫痪的。完美的作品其本身就具有充沛丰富的感情在抒发、在感染着人。在我们看来，线条和块面不是别的, 是内在真实的标志。我们目光透过表面一直潜入内心。当我们表现形象时, 便会用内涵的精神——气质来丰富形象的本身。壶艺的创新如能做到形、神、气三者融会贯通, 方可称为佳作。

——《壶艺的形神气》

"多一点则多, 少一点则少", 他评判经典作品时经常用这句话来点明, 而这就是求 "形" 的完美。而创作, 则要熟悉造型, 做到胸有成竹, 才能整体安排造型, 才能表达出 "形"。

造型的神和气, 看似 "空", 但是工艺可以将它们落到 "实" 处, 功能合理舒服也可以使他们落到 "实" 处, 健康的审美观念更可以使作品神完气足。因此由传统的掌握到工艺的磨炼、文化修养的修炼, 会自然生发出变化和新意, 这样的创新才是传统基础上的创新, 顾景舟在谈创新中说出了自己对于造型的理解和观念 (图2-33)。

研究紫砂艺术的科学原理 20世纪50年代, 一直到 "文革" 期间, 当时做壶不能盖自己的印章, 厂里工艺生产也相对停滞, 顾景舟带领弟子高海庚等走遍了北京、上海、南京、苏州、扬州、广州等地的博物馆、博物院, 帮助他们鉴定紫砂传器, 寻觅紫砂历史珍品。他还与艺术院校教授、老师如中央工艺美院高庄教授、冯先铭先生和南京艺术学院的孙文林先生、刘汝醴先生切磋陶瓷艺术问题。高庄先生对于点、线、面及流线形在造型中的运用, 及辘轳制作技术的推广, 孙文林先生对于抛物线结构、造型的自体伸缩理论, 顾景舟都把它们运用到紫砂造型的研究上。与冯先铭先生、刘汝醴先生对古陶研究和紫砂陶历史沿革的研究讨论, 与著名陶瓷科学家刘秉诚先生、李国桢先生等探讨紫砂工艺和其他陶瓷科学, 并将研制啤酒杯、波纹填料等新技术用在新产品上, 用学到的陶瓷工艺知识解决了紫砂泥的注浆、紫砂器上施透明釉和乳白釉等问题, 解决了紫砂厂处于低谷时工厂的生产生存问题。

1956年, 他被国家授予 "工艺人" 称号。1957年、1959年、1979年, 连续三次参加全国工艺美术艺人代表大会, 受到各级领导和国内外同行的高度评价和尊重。

格物致知, 规矩方圆, 是顾景舟这位工艺大师留下的宝贵工艺遗产。这是一个推究原理的严谨态度, 一个科学实证的治学态度, 更是一个工艺人的态度。顾景舟在自己的艺术实践中做到了, 他的态度和理念也影响了整个紫砂行业。在这个意义上, 顾景舟历史性地提升和丰富了紫砂工艺的文化内涵。

图2-33 《菱花线圆壶》 （摄影：黄怡嘉）

以六瓣菱花为原型，将壶盖、壶身、壶嘴、壶錾用菱花的凹凸筋纹统合为一体，各条筋纹都紧密吻合，不差毫厘，每条都贯通到壶盖以及壶底。色泽红润，泥质细腻，表面如健康肌肤，充满生命活力。这件菱花式壶，在筋纹器中可称一绝，是顾景舟筋纹壶的代表作品。

图2-34 1992年,顾景舟在家中写小楷

第二节　文化心绪　融于工艺

顾景舟是一个文化人,更是一个性情中人,其文化和性情又都在他为之努力一生、虔诚对待的紫砂工艺领域中交融。他的文化心绪,凝结在他所创造的,与300年内古人比高下的一件件作品中,也凝结在研究紫砂历史文化的一篇篇文字中。

生活艺术　顾景舟成名早,一生又好学不倦,心气极高,一般不轻易与人交往,艺术上、生活上又力求完美而近乎挑剔,他的性情脾气,在世人眼中,被看做"怪僻相"、"难说话"。其实,他是沉溺于自己完整的世界中,他研究陶瓷成型技法,原料的化学物理性能,搜集古文献资料,考证对照,仿古复制,改进创新,对于作品更是精益求精,欲与古人比高低。他也爱好书画篆刻,时常写字刻章,在日常生活中,与他同辈的艺人,很少有他这样好学而又有文化的,当然不太谈得拢。同时,生活中,他的内心时常沉浸于艺术化的想象中,他对生活中一些细节的要求与他做壶时的要求完全相同,哪怕养一缸荷花、插一棵月季、养金鱼也都是从书本上去找经验,向内行的朋友学习,然后实践出效果。即使在20世纪70年代物质不富裕的年代,他养的日本种白猫洁白轻盈,他家窗口的盆插黄色月季花开得依然非常鲜艳。在物质匮乏的年代,他养了一盆令箭荷花,在将要开放的那一天,学生徒弟和好友召集一起,在夜晚静静等待花的绽放,月光下红色而娇艳的鲜花短暂地绽放给在场的每一个人都带来了美的震撼。

生活中,顾景舟衣着不求气派,惟求简朴干净,他的饮食清淡有节制,很少大鱼大肉,食有定量,多一口也不行,徒弟们开玩笑说师傅是精密仪器。他的生活用具因为买不到合意的,就索性自己动手做。家中的竹筷,洗头用的竹圈,铜勺、锅铲、碗柜等,甚至儿媳妇打毛衣的棒针,都是他亲手制作,那些用具与他那可用担挑(满满一担)的做壶工具一样,件件精美而合用。他常说"艺术品不一定实用,但实用品宜艺术化",他把紫砂工艺上的钻研精神也用到了生活的艺术中。在生活中,顾景舟也是一个彻彻底底的工艺人。

活到老学到老　是他经常说的一句话。年轻时,他自学英文,英文字典上用橡皮膏剪成条粘在每个字母开头,查起来十分方便。而学化学也是靠自学,晚年还教小孙女心瑜背元素周期表。古稀之年一直到80岁后,无论冬夏,他都每天坚持晨起后练习小楷,读书看报,早晨起床后先用手指蘸一点盐、沾一点清水,擦眼

图2-35 顾景舟书法作品

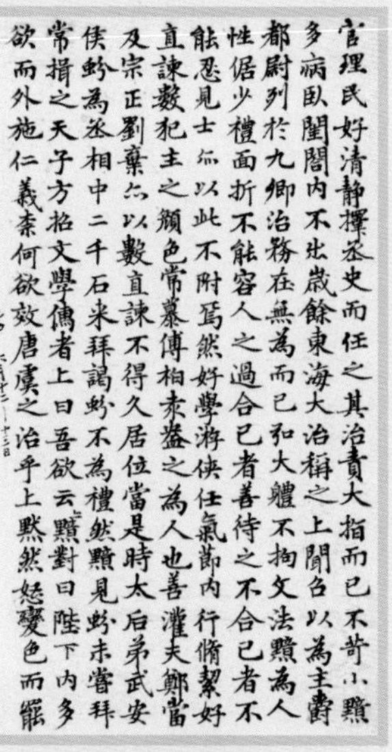

图2-36 顾景舟小楷练习作品

图2-37 顾景舟印章：壶叟

睛，这些习惯的养成，他自己说，眼不花，到80岁后眼睛还能看清小字，而手仍然有劲，手不发抖。他与清末的老艺人程寿珍比较，"程寿珍70多岁做壶，手不发抖，我80岁也可以做到"。可见他写字不仅是修身养性，而且晚年仍然潜心于紫砂，保持这种心气。晚年为主编《宜兴紫砂珍赏》一书，不断考证，对照新的实物传器考订《阳羡茗壶系》、《阳羡名陶录》，让笔者做笔记，好好研究这些资料文献。2000年，笔者《紫砂名陶典籍》出版，实则有老人的教导在前。他也经常锻炼自己的记忆力，有时拿出《古文观止》一书，让笔者随便找一篇，看他背诵如何，小时候学习的古文，他仍然记忆无差错，令人佩服（图2-34～图2-37）。

镌刻与用印　紫砂行业在顾景舟前辈以及同辈艺人中，有些艺人对于壶上用印章并不十分讲究，甚至父子同用一枚印章的现象也存在。而顾景舟开始学艺即用"墨缘斋"书斋名为壶上印章，就已经说明他已经意识到印章对于艺人的重要性，说明他对于用印，早就是个有心之人。

顾景舟上世纪三四十年代来往于上海与宜兴时，与画家吴湖帆、江寒汀、唐云等交往，他们的书画铭刻于他的壶上，珠联璧合，独具风采神韵。与来楚生、谢稚柳等也有往来，来楚生为他治的印，他一直使用。此时，他自己也仿文彭、邓石如印，刻下"足吾所好玩而老焉"、"闭门即是深山"、"得一日闲为我福"的闲章，用于壶上以寄性情。而后用"武陵逸人"、"曼晞陶艺"、"荆南山樵"等表明志趣，"老萍"和"瘦萍"是自况，"啜墨看茶"则寄托情趣……包括将"洲"更改为"舟"，处处见到用印的意义。70岁后用印"七十后作"或"壶叟"，90年代，艺术生涯已经一个甲子过去了，他自己刻章"生于乙卯"表达几多感喟；而且顾景舟印章在壶上的位置和大小也都有讲究，这在紫砂行业是前所未有，是将篆刻以及布局等艺术因素在上承陈曼生等文人壶紫砂传统基础上，进一步宏扬，也是顾景舟本人文化修养的表现。印章原来好多是倒的，底章与錾章相背，而顾景舟用印即底章对着壶錾方向，倒茶时錾梢章与底章方向才能一致。顾景舟改变了盖印章的方向，今天艺人都沿用了这种用印的方法（图2-38）。

同时，他自己对于陶刻也十分投入，自己刻章，也自己刻壶，早年赠吴湖帆《石瓢壶》上的书画铭文，晚年范曾、刘海粟的书画，都由他自己镌刻。在镌刻和用印上的用心，反映出顾景舟对于紫砂壶上表现工艺家个体的符号——印章的一种认识和态度，也反映出自己异常强烈的人文意识。

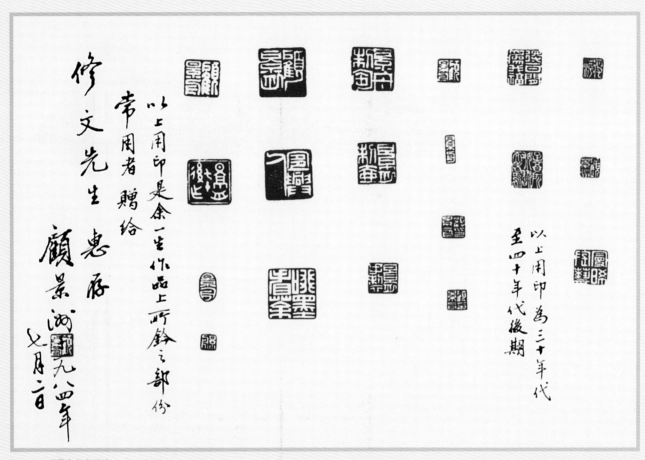

图2-38　顾景舟印章图片

以文气入壶，悟道升华　　早在1850年开始，就有不少窑户（老板）为了扩大陶瓷商贸，纷纷到上海、南通、杭州、无锡、常州、天津等地设专营宜兴陶器的商店，有开在上海的铁画轩、鲍信源祥、葛德和、吴德盛、益大新等商号。在经营紫砂壶生意时，或是到宜兴选购加上款记，或是请宜兴的紫砂艺人到上海现场制作。例如，1925年开办的上海铁画轩就在宜兴买了壶坯之后，在自己的工场加以"铁画轩制"的阳文篆书印记。当时向铁画轩供应壶坯的就有蒋燕亭、程寿珍、吴云根、陈光明等紫砂艺人。顾景舟在40年代也较多地在宜兴和上海两地往返，与铁画轩老板戴相明成为好朋友，有时做好泥坯带到上海与书画家合作，再返回宜兴烧制。

一个个当代艺术文化大师的名字出现在顾景舟的交往名单中，大画家吴湖帆、江寒汀、唐云、王仁甫、来楚生与顾景舟交往甚密。

"石瓢壶"，清嘉道年间金石家、画家陈曼生所创样式，曾经由唐云收藏有一

图2-39 《石瓢壶》拓片

件杨彭年制、曼生铭的石瓢壶，底有"阿曼陀室"印章，壶身铭"不肥而坚，是以永年曼公作瓢壶铭"。石瓢壶可以说是历史上文人与紫砂艺人合作的，以展现中国传统书画镌刻艺术的代表样式。顾景舟选择制作这样一件作品，来与吴湖帆、江寒汀、唐云这样的书画家唱和，无疑是认识到了石瓢壶的历史传承以及文化气息，他要用自己的技艺来创造新的文化意境，还要用悟到的文化意境来创造新的石瓢壶，石瓢壶显然成为年轻的顾景舟悟道升华之作。

顾景舟对这个历史上的经典之作，进行顾氏化的处理（图2-39、图2-40）。

石瓢壶样式看似简单，实则在比例以及工艺技法上难度很大，壶的整体造型以圆锥体为基本形，底大口小，壶嘴是直嘴，壶錾是圆角三角形，平压盖，桥纽，壶底有三扁圆乳足。历史上的石瓢壶除曼生石瓢壶外，还有著名的子冶石瓢。在前人石瓢壶的基础上，顾景舟做了改变：

底与口的大小做了调整，身筒不再是削直的锥体，而是用拍打的功夫使这一段圆锥略略饱满、圆浑；壶腹呈现微妙的弧线；

相应地，壶嘴、壶錾与壶身筒衔接处，琢塑出大的弧度，既好像壶体自然生成，又配合了壶身筒的圆浑；壶嘴和錾做到了胥出自然，同时又舒展有力；

壶盖不再是与壶口相等大小的尺寸，而是放大了尺寸，宽出一条边线的距离，成为整体造型中的一个边沿线，类似"冰盘沿"，也成为造型中的一个节奏；

盖上的桥纽与平盖衔接，也如同壶嘴和錾的处理，各个角度琢塑出和缓的弧度到盖面，又用心地与盖纽和壶身的圆锥体相呼应，连壶纽形成的内空间也与壶体造型相映成趣。通体从壶底到纽成为立体而圆满、完整的造型；

其他细节也有配合造型变化的处理，它的底部也是一个饱满的寰底上粘接扁圆鼎足，相较清代石瓢壶，鼎足也略高一线。

可以说，这已经是一把顾景舟的石瓢壶，而不再是临摹古代的曼生石瓢壶、子冶石瓢壶。《景舟大石瓢壶》稳重中见端庄、圆润中见骨架、有骨有肉、柔中带刚、收放自如、浑然一体，充满着文质彬彬的君子之风，同时表现出顾景舟在造型上的自信和对工艺的驾驭。

壶上，由吴门画派传人吴湖帆题句，秀雅文气的书法，风流蕴藉，所绘竹叶疏朗清秀，整体透发出幽静与含蓄的美感，画、诗、刻、意，都与顾景舟所创石瓢壶的形式感相呼应，也与制作工艺上的细腻精湛相匹配。赠予吴湖帆的一件由顾景舟自己镌刻，刀法劲挺秀雅，也有风流内蕴的气息（图2-40）。

"石瓢壶，1948年制，赠予吴湖帆先生，由江寒汀道兄画画鸟，吴题字，作者镌刻，迄今已四十余年矣。1993年盛夏顾景舟署于陶陶斋。"——1993年为石瓢壶所写。

当时顾景舟共制作5件大石瓢壶，成为紫砂与文人结合，与书画镌刻艺术结合的典范。后来顾景舟在论及紫砂上的镌刻以及书画装饰时，有着这样的论点：1991年顾景舟先生发表了一篇论文《溯源话艺——谈文人及书画界与砂艺的结合》，文中有这样一段话："早在40年代初，也曾与上海书画界友人吴湖帆、江寒汀、张大壮、唐云等有一段交往。在壶上以书画交流，又笔者亲自制壶镌刻。挚友

图2-40 《石瓢壶》

间同好雅玩,彼此激赏。譬如说砂艺的传统装饰陶刻,首先思考反映铭题的内容,必须是体现出合情切理的文学词藻、书法和绘画的美妙以及格调的高超,镌刻刀法金石韵味的精到,能使人对器物的欣赏玩味无穷。"

石瓢壶的成功,并非在于吴湖帆等文人之"文"名,而在于吴湖帆等文人的"文气"找到了顾景舟的工艺为载体,顾景舟工艺之"文气"与吴湖帆等书画镌刻之"文气"一拍即合,工艺技艺、造型形态与书画镌刻之间达到了平衡和贯气,石瓢壶因此成为紫砂艺坛的典范之作,石瓢壶也成为顾景舟悟道升华、儒雅秀润风格形成的标志。

图2-41　顾景舟（左）与冯其庸（中）、高海庚（右）合影

图2-42　顾景舟与范曾合作《扁腹壶》

图2-43　古华与顾景舟合影

图2-44　向张守智教授示范制壶

图2-45　韩美林与顾景舟合影

图2-46　《此乐提梁壶》1987年与韩美林合作

五件大石瓢壶的镌刻 款识和铭文：

所属者	正面画面	正面款	反面诗句	反面款	备　注
顾景舟	风动疏竹	湖帆	但为清风动，乃知子猷心	景舟先生，吴倩并题	参见《紫玉金砂》34期第6页目录插图
戴相明	风动疏竹	湖帆	为君倾一杯，狂歌竹枝曲	相明先生，吴倩并题	参见戴佐民文章《铁画轩的第二代传人——戴相明》
唐　云	风动疏竹	湖帆	无客尽日静，有风终夜凉	药城兄属，吴倩并题	参见2008年上海工美秋拍"大石斋"专场目录
江寒汀	风动疏竹	湖帆	寒生绿尊上，影入翠屏中	寒汀兄属，吴倩并题	参见《紫砂泰斗顾景舟》第53页
吴湖帆	孤雀雪梅	寒汀兄为余画茶壶	细嚼梅花雪乳香	倩自题	参见《壶艺宝典》第14页~第16页

有藏家推测湖帆先生寓紫砂为竹，把景舟比作子猷，暗赞胸臆疏朗的景舟先生视砂艺为毕生追求的高远志向；同时，湖帆先生可能也是拟把顾景舟比作高洁不屈的雅竹，自己似子猷，通过和景舟先生的交往，通过景舟先生的砂壶，他已把这位艺高品重的年轻人视为了自己一生的挚友。

顾景舟式石瓢壶有许多人学习和仿制过，但大都是过刚则嫌硬，过满则嫌无个性而塌，至今未有超越顾景舟者。如果真正推究其中奥妙，恐怕是顾景舟以"文气"入壶，用文化来做工艺，以工艺创造文化，化传统样式为自己的风格气质的缘故，这把顾景舟石瓢壶已经达完美之境。石瓢壶的成功，在紫砂历史上创造了新的文化意境标杆。石瓢壶用"顾景舟"底章，正是这一年，1948年，他将名字"洲"改为"舟"，意为艺海一舟，他曾经解释过：艺海一舟，就是让自己的命运随着艺海的一舟而搏击，永不停息，勇往直前。同时，艺术之博大精深也让他感到需要努力奋进。这一年，顾景舟33岁。

解放后，顾景舟与中央工艺美术学院（现清华大学美术与设计学院）高庄教授合作创作提璧壶，后与黄养辉、亚明、魏紫熙等画家也有艺术上的合作。晚年与刘海粟、朱屺瞻、冯其庸、范曾、韩美林也有交往与合作。在他的精神世界中，有本事的艺术家他都乐于为友，相互探讨、相互学习（图2-41~图2-46）。

晚年与亚明合作《矮井栏壶》，壶身一面刻亚明书："青松本无华"，壶体另一面装饰有亚明的山水画，底部刻款为亚明所书："壶先秦有之，紫砂始于明正德，至今已近五百年，高手不过十余人。顾兄景舟当为近代大师，顾壶可见华夏之哲学精神、文学气息、绘画神韵。己巳年白露于丁山。亚明记。"国画家亚明在1989年在壶底写下的这段话对顾景舟的紫砂工艺文化作了非常恰当的评价（图2-47）。

图2-47 《矮井栏壶》与亚明合作

《凤慧壶》，一面题字"凤慧""壬申中秋 刘海粟九十七岁"，另一面，刘海老绘老梅新花一枝，题"眉寿"落款"刘海粟，年九十七"下钤"海粟不朽"阴文篆书印章。1992年，年近80岁的顾景舟制作这把高双圈壶，笔者亲眼看他一个上午拍打壶身3个，一气呵成，而壶的嘴和把，却做了将近三个月。刘海老写下"凤慧"两个字，画上梅花，由顾老自己亲手镌刻。此件唱和之作，成为紫砂艺坛双绝，对于顾老，更是别有深意（图2-48）。

"凤慧"，"慧"即梵语"般若"，意译为"慧"，为破惑证真之意。人有慧心，破除迷惑，认识真理为慧，慧能生道，即为佛家所说"慧根"。年近百岁的老人刘海粟用"凤慧"两字题在年近八十的顾景舟壶上，道尽了两人有凤缘于艺术、求真理于艺术的心路历程，真有惺惺相惜之意。

研究紫砂，破惑证真，也正是顾景舟终其一生，研究紫砂历史与文化的目的，他一直孜孜以求的艺术意境，就是"技进乎道"、由"慧"而生道的境界。

求证明万历间工艺变革　顾景舟首先在反复研究古籍与文献的基础上，重视考古勘察，以及实物的对照研究。早在20世纪70年代南京大学考古系在宜兴丁山羊角山发掘出宋代窑址，有早期紫砂残片，顾景舟就对出土古窑的结构和残片认真分析。几十年的紫砂艺术生涯中，尤其在"大跃进"、"文革"运动中，因为靠边反而有空闲时间。他经常带着高海庚、徐秀棠等到宜兴境内发现古窑遗址的地方如均山窑去考察，对于本地做粗陶缸瓮的工艺也仔细研究（图2-49~图2-51）。晚年曾经对笔者提起宜兴实用陶瓷中粗、黑、溪、白绿货等各有做得好的高手，值得学习和研究。

图2-48　《凤慧双圈》　刘海粟铭"凤慧"

图2-49 顾景舟在古窑堆积现场

图2-50 1991年,顾景舟在考古现场

图2-51 顾景舟与高海庚、张志澄合影

1966年,南京市郊区江宁马家山油坊桥曾经挖掘出一件提梁壶,是由明嘉靖十二年(1533年)司礼太监吴经墓出土。顾景舟对照羊角山古窑出土残片,对照明代中后期制壶的工艺,认为这件提梁壶仍然是紫砂初创时期的作品,类似当地做粗陶用内盔成型,壶身筒由上下两部分组成,因此腹部尚有节奏。而文献中,万历年间时大彬有游娄东改变工艺,"弃模"的记载,从此茶壶才有"案头雅物"的地位。而顾景舟因为自己做茶壶,他对于茶的文化历史也非常重视,明中期喝茶方法的改变已成为紫砂工艺变革的一个有力佐证,他与著名茶科学家张志澄结为至交,经常切磋茶文化史(图2-52)。因此,顾景舟判断,从明初开始,由于散茶开始盛行,已经流行的撮泡茶方法使茶壶成为案头之物,茶壶的位置从炉上移至桌案,成为茶事活动之中心,因此茶壶的精雅化势在必行。时大彬就是顺应潮流的改革者,他倡导了紫砂茶壶身筒一体拍打法,而且在紫砂工艺中、在工具的使用上有许多改变也来自时大彬。顾景舟对于紫砂工艺的发展和成长作出了判断,也为紫砂工艺文化的研究作出了贡献。《紫砂陶史概论》一文是他晚年总结所撰写。而70年代,他已经有这样的看法,并在教育传授工艺和紫砂的道理时,讲解给他的学生(见附录《紫砂陶史概论》)。

1991年,他在扬州博物馆访问时,在不被人注意的窗台上发现一件1968年江都丁沟镇曹氏墓出土的六方壶,仔细认真地查看后,顾景舟判断此为时大彬真品,使差一点被埋没的明代"一壶千金"、"一时千载"的大彬壶得到了珍视和保护。

搜集、鉴赏和著述 紫砂工艺厂在7位老艺人的时代,就非常注意历史名作的搜集,而到了上世纪七八十年代,紫砂工艺厂在改革开放后,顾景舟带领当时的

图2-52 明·时大彬《六方壶》(左) 明·吴经墓《提梁壶》(右)

图2-53 当时的紫砂工艺厂陈列馆照片

图2-54 1990年,顾景舟与香港收藏家罗桂祥先生合影

图2-55 《宜兴紫砂珍赏》

厂长高海庚、副厂长李昌鸿、研究所潘持平、汪寅仙等人,将紫砂的名人名作进行资料的系统搜集,将厂里的陶瓷陈列室渐渐扩大和正规化,成为当时国际友人和外宾、艺术家经常参观的场所。还陈列当时出类拔萃的年轻人的作品,激励他们的成长,成为紫砂历史上第一个完整的艺术馆(图2-53)。

1981年,受香港市府特邀,率高海庚、徐秀棠参加亚洲第六届艺术节,在这次活动中,他向海外紫砂爱好者讲授紫砂艺术,为香港茶具文物馆做藏品鉴定,以精辟的论述赢得了尊敬(图2-54)。在紫砂文化研究中,他还注重传授和教育的工作,带领学生一起研究,他与学生徐秀棠合作撰写《紫砂小传》,与高海庚合写《紫砂陶造型设计》,与弟子李昌鸿合写《紫砂生产工艺篇》。

1991年,带领徐秀棠、李昌鸿主编《宜兴紫砂珍赏》一书(图2-55)。这第一本由紫砂从业人员写紫砂的书,一版再版,获得一致的好评。包括笔者自1991年跟随他编写这本书籍期间,也得到谆谆教诲,为笔者讲解紫砂历史文化,几乎每天祖孙俩都要喝茶聊天、做笔记,还雄心勃勃制订了研究宜兴陶瓷艺术的写作计划。笔者在2000年出版的《紫砂名陶典籍》一书,浸透了老人的关爱和心血。

揣摩与仿古 这些研究,使他在做仿古作品以及后来带领紫砂厂特艺班为香港收藏家制作仿古作品时,对于样式有所选择:他自己做过供春壶、大彬僧帽壶、曼生样式中的合欢壶、井栏壶等,以及他所推崇的鸣远虚扁、大亨仿鼓壶等古代样式。又帮助汪寅仙、周桂珍等学生徒弟配尺寸,做工具,教她们做风卷葵和曼生提梁壶、大彬如意壶、僧帽壶等。这些样式和品种都是在紫砂发展历史上有着标杆作用的样式。基于对紫砂发展成长工艺之成熟过程的研究,以及自己的仿制和揣摩心得,转而传授给了下一代紫砂艺人,使这一艺术文化传统得到真正的传承。

因此,他于历史的研究,最终归于工艺的本体,活化成为技艺和作品。

做壶、做人之格调 顾景舟对于紫砂器的艺术格调,有自己的认识,并且在传授教习中推而广之,使紫砂确立起自己的评判体系。

"历史地看紫砂的工艺技术鉴赏,一向是区分着三个层次。一是高雅的陶艺层次。它必须是合理有趣、形神兼备、制技精湛、引人入胜、雅俗共赏,使人爱不释手的佳器,方能算得上乘。二是指工技精致、形式完整、批量复制,面向市场的高档次商品。三是普通产品,即按地方风俗生活习惯、规格大小不一、形式多样、制技一般,广泛流行于民间的日用品。"(《简谈紫砂陶艺鉴赏》)他将合理有趣、形神兼备和制技精湛作为判断的标准,这是从工艺技术本身出发得出的结论,至今紫砂行业内还常常提起，奉为圭臬。

在做壶与做人上，他都极其顶真，他一生保持着每器必精的原则，既有文人的狷介和耿直，也有自己的为人格调。1958年"大跃进"时，某书记领导要他为送礼赶制茶壶，他延宕时日，又语言顶撞，最终这几件泥坯（《双线竹鼓壶》）直到他去世仍在套缸中（套缸：放泥坯以保湿的陶缸）。

他傲骨而不傲气。从不以大师派头自居。在20世纪90年代紫砂热潮中，他一再语重心长地告诫小辈"贫贱不能移，富贵不能淫"，告诫大家务必要戒骄戒躁。1993年访问台湾，受到空前热烈的欢迎，记者曾问他，如何看待自己的茶壶所受到如此的崇拜，他用邹忌讽齐王纳谏的故事做了回答，认为壶的好坏要放在客观和历史上来看待（图2-56~图2-59）。

在访问台湾期间，《中时晚报》等相关媒体对顾老做了连续报道（图2-60~图2-62）。

顾景舟的生活和紫砂艺术，追求理趣兼得，追求形神统一，处处透露着他的个性，处处可见工艺和文化的思想。他致力于用文化来做工艺，又以工艺创造新的文化，因此高庄教授这样评价他："是一生一世见过的有文化的工艺人。"

图2-56 《双线竹鼓壶》顾景舟去世以后由家人烧制

图2-57 访问台湾留影1

图2-58 访问台湾留影2

图2-59 访问台湾留影3

图2-60 访问台湾期间《中时晚报》连续报道1

图2-61 访问台湾期间《中时晚报》连续报道2

图2-62 访问台湾期间《中时晚报》连续报道3

图2-63　20世纪50年代，顾景舟授徒场景1

图2-64　20世纪50年代，顾景舟授徒场景2

图2-65　照片右起为：徐汉棠、李昌鸿、徐秀棠、沈蘧华、吴群祥、顾景舟、何道洪、李碧芳、黄月君、蒋蓉、汪寅仙

图2-66　宜兴紫砂工艺厂建厂40周年合影

图2-67　顾景舟与徒弟高振宇、徐徐合影

第三节　授业传道　奉为宗师

2004年秋，顾景舟九十华诞纪念展览在无锡举行，展出顾景舟作品18件，他的徒弟以及顾派门下受到过教益的弟子作品200余件。近百位紫砂艺人济济一堂，在怀念老师时，有许多的感喟。

紫砂行业与其他工艺行业相似，往往有一些同行间的保守和隔阂，紫砂在过去就有"同行进门打招呼，藏起泥坯聊空话"的笑谈。顾景舟的一生，却是桃李芬芳（图2-63~图2-67）。

1955年建立了紫砂工艺社（即后来的紫砂工艺厂），顾景舟担任工艺社生产理事委员和技术辅导员，与其他6位艺人一起，负责工艺班的招生和技术辅导。从此以后，即使他被国家授予大师的荣誉称号，行业内仍然称他为"顾辅导"。他先后带了徐汉棠、李昌鸿、沈蘧华、高海庚、周桂珍、束凤英、吴群祥、葛陶中、高振宇、徐徐等多位入室弟子，而对其他老艺人师傅的弟子也是毫无保留。徐秀棠、汪寅仙、张红华、曹婉芬、谢曼伦、葛明仙、何挺初、潘持平、顾绍培、周尊严、吴震、程辉等，以及这些徒弟学生的徒弟，这些今天已经成为国家工艺美术大师和省级大师的工艺家，都得到过他的直接指点和教导。顾景舟对紫砂行业内的各种流派和类型都有深入的钻研，从圆形光素器、花货、筋瓢器以及镶接方货各个类型，到茶具、花盆、文玩等各种品种，他都能用自己精湛的技艺来示范和指导徒弟学生。他不仅是有光素造型大师的盛名，更是难能可贵的全能者。因此他的门生弟子分别擅长各种类型和品种，涵盖紫砂的各个领域，并不局限于一个门类。他的教育以严格著称，学生往往被批得下不了台，但是过后，学生又非常佩服他，因为他不仅教技艺、教怎么做，更教他们为什么这样做的道理。1982年，他在紫砂研究所讲授工艺和造型法则，共20讲，把自己多年的心得教给年轻一代。80年代开放以来，他带着技术人员复制历史名作，仿鼓壶、矮僧帽壶、井栏壶、汉铎壶等，从尺寸配制到制作工具，他都无保留地手把手教给学生，使紫砂传统造型和技艺得到了很好的传承。

他自己常用韩愈的话"师者，所以传道授业解惑也"来要求自己，正是他不囿于门户，执著于紫砂艺术，遍教英才，才在身后赢得人们尊为一代宗师的荣誉。

"师傅是教一步，我学一步。"大弟子徐汉棠对师傅的教育仍然铭记深刻，他说："我那时候跟着顾老学习，他教一步，我学一步。这是其他师傅做不到的。他教我们感受作品的气韵、比例、造型、线条。这些不是一两句话能讲得清的，只有真正深入做下去、理解下去才能明白，什么是气韵、比例、造型、线条。到了我技艺成熟的阶段，我模仿师傅做了很多壶，有些随师父的壶卖到台湾，行外人分不清我俩的壶，但我心里有数，我的壶在气韵、线条上是不如师父的。造型、比例尚可以，因我扎实的基本功达到的。"（图2-68）

图2-68　徐汉棠作品

"抓住主线，说理透彻，由浅入深，示范操作"，弟子李昌鸿、沈蘧华回忆道。1955年10月，顾老与其他几位老艺人肩负起培养紫砂接班人的重任，一改过去旧的师徒授艺方式，以自己丰富的实践经验、扎实的操作功底和很高的文学修养，通过抓住主线，说理透彻，由浅入深，示范操作，引导启发教育学生。为使学生尽快掌握技艺、明了生产工艺，他将紫砂的历史沿革、工艺流程、紫砂陶造型分析、技法处理、烧成热工总结为"紫砂工艺八讲"。其中，最为突出的是教导学生"工欲善其事，必先利其器"的理念，即领会制陶中首先要学会制作工具。他不抱门户之见，摒弃"同行必妒"的观念，教育学生"成了龙也是蛇肚里出身"，"千万不要忘了启蒙老师之教"（图2-69、图2-70）。

图2-69 《竹简壶》李昌鸿作品

图2-70 《思源壶》沈蘧华作品

"点点滴滴,我的成长无一不是师傅培养的。"——周桂珍

周桂珍:我是1958年从紫砂中学转到厂里学艺的,在王寅春班里学习基本技术。当时,顾辅导常去我们班,只要他坐下来示范,我便放下手里的活,抓紧机会学。他无论是教拍打身筒,还是教搓壶嘴、錾,都非常精炼,壶嘴搓出来一样大小,像子弹头一样肚子略胖,如泥凳稍有不平,便会滚动;弯壶嘴形状时,三下两下就产生效果,干净利落,造型精美准确。他的每一件工具都十分讲究,非常合理好用。顾辅导在他的同辈中,学问好,教的时候道理讲得透,我十分崇拜,而顾辅

图2-71　顾景舟与高海庚合影

图2-72　曾柱昭(时任香港茶具文物馆副馆长)、顾景舟、徐秀棠、高海庚合影

图2-73　顾景舟(左二)与周桂珍(左一)、汪寅仙(左二)、韩美林(右一)合影

图2-74　顾景舟与徒弟周桂珍合影

导来教的时候也看谁做的好。从那时起，顾老对我有了比较深的印象，并促成了我和高海庚的婚姻，海庚与顾辅导情同父子，我也从此结下了与顾辅导亦师亦父的深厚感情。生活中，我们的子女，顾辅导把他们当作孙子孙女，师母连我女儿的每季的布鞋棉鞋都提前就做好，而每周的星期天，不是在师傅家，就是顾辅导步行到丁山，一起吃饭，如果顾辅导回家，海庚一直送他，陪他走过一半的路程才回来。1984年师母生病逝世，接着1985年，海庚突然去世，顾老和我们一家悲痛不已，他老泪纵横，握着我的手宽慰我：“有我在，不会看着你们不管的。”此后，燮之又突然发病，从生死边缘救回，菊芬在医院，我就每天给顾老做饭，英姿也住在百家口的家中，陪爷爷和心瑜。总之，一言难尽，几十年的风风雨雨，我们都一起度过了(图2-71~图2-77)。

在事业上，我今天的扎实基本功，取得的一点成绩，与他的严格要求和全心全意地传授分不开。1964年开始对日本出口大中小、高中低三档紫砂花盆，我做了几年的高档小花盆，全手工制作，“小长方蒲包口”、“三只套小长方凹套”都是在顾辅导的直接指导下做的。接下来我做了顾辅导设计的上新桥壶、三线咖啡具以及提攀瓠棱壶，每次翻手(即换品种)都是顾老直接给我做工具，然后看我用一次(当时我自己还只能自己做壶，却不会做工具)。这些工具十分合理好用，我至今都保留着，视作珍宝。20世纪70年代，海庚设计了《集玉壶》，他很喜欢，帮我做了一整套的工具，讲壶体的凹凸线和口线的要求，我坐在旁边看着。那时的顾辅导还吸烟，休息时把他泡的绿茶给我倒上一杯，然后讲做工具和做壶的要求。《集玉壶》做工具的时间很长，在顾老和海庚的共同指教下，我非常成功地做出了一把漂亮的《集玉壶》。海庚设计的《扁竹提梁壶》，传统中带现代感，此壶的反弧线工具难度大，也由顾辅导帮助我做，因此，《扁竹提梁壶》之成功，其中包含着顾辅导的功劳。我做《常青壶》，《常青壶》是花货，必须和做花货的高手一起做，心里没有底。当时，海庚借调到陶瓷公司技术科了，我就去找顾辅导，他鼓励我，交待关键。记得我当时坐在他身边的大木箱上，他拿水笔在泥凳上写写画画，这一切今天都历历在目。我的《常青壶》，用最好的工具、光素的造型手段、加上翠柏装饰，在当年的质量月中，被评到从未有过的90分，同时被公司评为质量标兵，这是在顾辅导的帮助下，非常激励我的一次成功。

图2-75　《集玉壶》高海庚、周桂珍作品

图2-76　《扁竹提梁壶》高海庚作品

　　1978年，香港收藏家罗桂祥先生托代理叶荣枝先生来宜兴洽谈赴港办展事，要求仿古复制一批作品，分ABCD价，顾辅导看中我做矮僧帽的B价，他自己做A价，顾辅导将整套的样板工具毫无保留地教给我。1985年，我随顾老去香港，台湾收藏家王度先生赞扬我的僧帽做得好，我回答说那全是顾老一手教我的。也许是顾老做了僧帽壶，也许是因为我做得认真，社会上一时兴起了僧帽热，各种各样的僧帽出现了，顾老语重心长地对我说：千万不要做滥了。老人语重心长，我记在了心上。

　　仿制曼生提梁时，我因为配错了尺寸受到过他严厉的批评；做寿珍掇球时，他微笑着说"此壶每次做，每次都会有新的体会"；教我做仿古如意壶，掌握细微的感觉；第三届陶艺节前，陶瓷陈列馆失窃，急于补救，顾老叫我做一把仿古如意，一把三线壶，各两把，做好后，每把上都盖上景舟小章并签上"监制"的小字。……点点滴滴，我的成长无一不是师傅培养的，而对师傅的技术和艺术，我有着发自内心的崇敬。

图2-77　《韵竹提梁》周桂珍作品

图2-78　顾景舟与徒弟葛陶中合影

大师的严格是出名的，而且对于没有达到要求的偷懒行为，批评起来从来不留情面。很多顾景舟的弟子事先都听说过未来师傅的刻板、严格与不近人情，可是在接触了大师之后，他们明白了什么是严格，什么是"不近人情"。

"我们都被他'骂'过，那是对我们技艺的打磨、调整"。——葛陶中

葛陶中也说：顾老要求极其严格，我们都被他"骂"过，那是对我们技艺的打磨、调整。记得1978年我考入研究所，开始接触到传统手工技法。那时刚刚打倒"四人帮"恢复传统工艺，顾老让我们一步步学习传统。顾老不允许我们不懂装懂，有问题必须提出来解决（图2-78、图2-79）。

顾老对工具的制作也非常讲究，要求很高。现在很多不讲究的艺人，往往用少量的工具就完成了一把壶，外行人看不懂里面的门道，内行人一看他们的作品就知道何等的差和粗糙、不严谨了。

在这个行业里要能站得住脚，顾老说需要12年的时间。3年打基础，5年是临仿、创作、临仿的反复，以及协作生产工人完成作品（完成广交会的订单），4年是临仿、创作、临仿的反复，并能够形成更深的体会。

我印象极深的是恩师讲解做茄段一捺底的要领，因为起初我总是做不好，他说，一捺底的关键要做到底部要有千斤顶力，没有力度势必软塌塌。做茄段看似

图2-79　《菊八瓣壶》葛陶中作品

简单，不花工夫不努力绝对做不好；简单的做不好，今后怎么做更难的品种？再比如截口，口盖的严丝合缝、造型线条的一体完整都要经过严格训练，细心体会、反复提高方能得心应手。

师傅还要我们对紫砂产品的生产工艺流程、泥原料的配方、各种器形的绘图造型，都要记笔记、写出心得体会，正是这些功、理结合的训练，结合我们各自后来长期的取舍积累，方使我们分别取得一定的成绩。

此后一段时间，我又有幸与严师相处在一个工作室，这使我接受了他进一步的栽培，也更亲眼目睹了他治艺的严谨。师傅从艺60多年，成为业界的佼佼者。20世纪80年代，被评为中国工艺美术大师，但他对自己作品的要求更不放松；技艺之外，师傅更注重对紫砂历史的研究，注重各个时期代表人物、代表作品的甄别确认，甚至延伸到对紫砂艺术以及相关艺术体系的探讨。而在他盛名如山的情况下，不遗余力，扶掖后进，把握了造壶与造人的关系。

"有些老师傅给徒弟讲解的时候，只是说要怎样，并没有解决为什么要这样的问题。顾老就能够做到这两点，因为他钻研得极深，能够深入浅出地给我们讲授道理。"——吴群祥（图2-80）

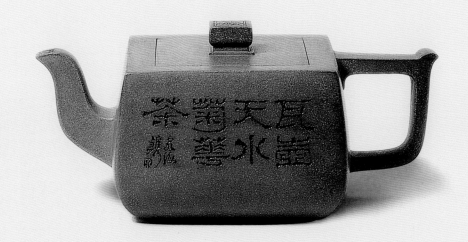

图2-80 《灰四方壶》吴群祥作品

"这是紫砂传统的经典,是在学院的造型中学不到的。"——高振宇

高振宇:1993年的春天,我们一家从日本回国,一方面在北京中国艺术研究院筹建陶瓷艺术工作室,房屋、机器、设备都在购建当中,一方面又重回到宜兴,在爷爷身边继续学习紫砂传统工艺。经过8年在外读书的生活后,又回到家乡,日子好像又回到了以前学徒时期(图2-81~图2-83)。

爷爷家中,小院里养花、栽盆景,一进他家又能感受到我自幼习惯的书香、茶香和他家中特有的说不出的气息。

我们两家相距只需步行十分钟,只要天气好,爷爷就挂着拐棍健步走来我家。说健步实在不是指他的身体,而是他一辈子无论是坐、是卧、是行都有规矩。如在路上时不急不慢、目不斜视、头颈正挺,微微弯曲的背腰配上精致的文明棍,虽然瘦削但是更有几分挺拔、清秀而且脱俗,一派文人气质。当时人们对他已经十分敬仰,前后总有许多相识不相识的人与他打招呼,由于他颈椎不好,头部转时压迫血管,产生头晕,因此不能很快应答,但每每总是不厌其烦地向人说明一番,他不愿意让人误解他的举动。有时天气不佳,我们就电话相约,一般我开车去接他。几乎一坐上我新买的奥迪车他都要感叹,在过去是如何如何的艰苦,怎么也想不到今天能坐上自己孙子的车。

几年在国外的生活学习没有使我们盲目地追随洋化,反而使我们更热爱中国的文化传统,更加认识到紫砂工艺的价值,也更珍惜爷爷对我们的言传身教。这一点令爷爷十分高兴,他甚至帮我拟订了一个长远的学习计划,于是就从寿星壶、掇子壶教起。他首先在本子上画平面图,一边画、一边说:我没有你父亲画得好,他比

图2-81 《德钟壶》高振宇作品

图2-82 1991年9月，顾景舟在家中与日本教授、陶艺家高桥夫妇（左一、二），高振宇（右一）合影

我熟练。画到关键的部位，他总是用铅笔反复来回勾勒，加重语气说明此处的特征和需要注意的问题。我知道他用力画的时候，就像在搋身筒一样，他熟悉这线里面哪怕是一点点的细微的感觉。他画得极其认真，几十年在他的身边，我很少看到他这样，最后在平面图上写下"景舟"和年月日字样。当第一只掇壶做好的时候，他又欣然题写了"淡泊明志"四个端庄的楷书于壶体，用来鞭策我们。徐徐总是想做点点心馄饨之类给他，而他又有很多说法，如馅应该细切粗剁，骨要剔尽。

这段时间我们几乎天天在一起，爷爷常来我们家，但也并非天天只是讲授工艺，我讲在日本的生活、学习，讲一些新的陶艺观点，他也饶有兴致地听。这段时间也会有日本友人来拜访他，请教紫砂壶艺。我去他那里的时候，他会翻出珍藏的古人好作品来给我看，印象最深的是那把《德钟壶》（邵大亨制），他把壶小心地递给我，然后靠在椅子背上笑吟吟地不无神秘地看着我"你看看，这把壶的做工"，这确实是一件我看到的最好的作品，温润之极，端庄之极，这是紫砂传统的经典，是在学院的造型中学不到的。就拿盖子上一条薄线来说，如果用手挡住，让我们来加，不一定出得来这种效果。听完我的话，他一言不发，只是会心地微笑。

"顾老采用滚雪球的方法，先教好我们，我们再去教下面的工人。"——汪寅仙

汪寅仙：1956年，我考进了紫砂厂。我与顾老家同住毛家楼，我住他家楼上，我每天都要经过他家门口到自己家。他对我们的生活很关心。又因为住得近，常常让我和师姐们到他宿舍去，讲壶艺。他要求我们多读书，我的文化水平低，进厂前只读到小学。他解读古书给我们讲壶艺。他还用自己的藏品让我们品赏。他平时钻研陶瓷工艺学，同时也让我们学习，这让我们在无形中更深入地了解陶瓷工艺学。顾

图2-83 《倒把西施壶》徐徐作品

老没有子女,他把我们当做自己的孩子,尤其把高海庚当做自己的亲生儿子。在和顾老同工作的那些年月里我们受到了艺术的熏陶,也受到了生活上的关心。

1973年,我们紫砂厂为了把技术力量相对集中起来,扩大研究室。原来的研究室只有三个人:顾景舟、徐汉棠、高海庚。高海庚因为技艺出色,被调去当陶瓷公司的技术管理,这样,研究室只有两个人。在忙的时候我被请去协助工作。在研究室扩大的时候我加入了研究室,当时加入研究室的还有徐秀棠、李亚成、鲍仲梅、吴群祥等,同时招了一批学生。我们在研究室主要任务是当时的春交会和秋交会样品的出样。另外,还有国内外的大型展览的主要技术任务落实在研究室里。那时,顾老主要担任技术辅导工作。我们在研究室里受到顾老细心的指导。随着任务的扩大,80年代初,研究室扩大为130多人的研究所,纳入了更多的技术尖子,顾老仍然管理技术。为了工人的理论和技术水准提高,领着我们出稿子、研究技艺。整个工厂的质量管理也由我们研究所来承担,顾老的工作更重了。顾老采用"滚雪球"的方法,先教好我们,我们再去教下面的工人。

这段时间里,顾老不仅做好自己的技艺,还把工厂的技术管理做好,工人的技术水准、理论素养得到提高,顾老的这些工作是功不可没的。研究所承担了培养技术队伍的任务,顾老每个礼拜五、礼拜天为大家上技术课,不仅教我们怎么做,还从理论的方面让我们得到提高,这留给我深刻的印象。比如做一把掇球壶,如何把它做到经典,他不仅把自己的体验告诉大家,还在黑板上给大家画图讲解,讲工具制作的要点、造型要点、制作要点等。他对选矿、原料制备、技艺加工、烧成等每个环节都有深入的研究。他没有门户之见,我们和年轻人一起得到了他的教育,使得我们成为今天紫砂行业里出色的人才,这些都归功于我的老师顾景舟,这些是他的大贡献(图2-84)。

在20世纪70年代末,香港的罗桂祥先生热爱祖国传统文化,为了宏扬紫砂文化,在改革开放的时候,他在海外收购紫砂,80年代初在香港举办了亚洲艺术展览,邀请了顾景舟、高海庚、徐秀棠等去香港整理他的藏品。罗先生为了宏扬紫砂事业,来到宜兴紫砂厂,要求订名人名作。根据艺人的技艺分为ABCD四等,付给的价格也是四个等级。虽然给出的定价很高,但是全部包销。他要求每个艺人留下签名印章。罗先生还给出了几种款式(僧帽壶、供春壶等)订做的要求,每款制作10件。这些产品均由顾老负责,技术包括配泥、泥料的颗粒度等。在这批

图2-84 1983年，顾景舟与汪寅仙、潘持平在研究所办公室合影

产品完成后，罗先生又在香港做了一次展览，吸引了来自日本、马来西亚、新加坡等国家的收藏者。展览非常成功，所有订制的壶全部卖光，在香港形成了紫砂热。这些功劳，归于顾老的技术把关和指导。我们通过制作这批订单，技术上得到了提高。顾老的成就不仅如此，与以往的老艺人有别的是，他在改革开放的那段时间，给我国培养了紫砂行业的中坚力量，对紫砂技艺的传承作了功不可没的大贡献。

记得当时我想临摹风卷葵壶，把想法告诉顾老。顾老说，你先把这把壶的优点与缺点说来听听。主要看看我的认识度，并对我的观点提出意见。在仿制中途时，耐心地教我如何制作工具。我们从仿学的过程中，得到了顾老悉心的指导。这里，顾老在教学中常常以疑问的方法激励学生，寻找发现问题然后解决问题（图2-85）。

顾老对于细节非常看重，做事讲究。例如，要求我们把壶底的章打好后，在倒茶时，章应该是正的，这有别于我过去在师傅那里学到的。这个人性化的方法，我一直沿用至今。他做事的严谨性，是我印象深刻的。

在顾老九十诞辰时，一位收藏家提供了近20件顾老的作品。这是我有生以来第一次集中看到顾老的作品，每件作品都让我振奋。顾老佩服陈曼生、邵大亨的壶，并仿制。这几件作品本身可以说是跌不破的，但是，顾老能够从气韵、搭配、比例等方面提高，讲究细节，将经典的作品做到极致。这是非常不容易的一件事情。他常对我们说：多一点则多、少一点则少。这一点也贯穿到他的艺术作品中，也体现了他的艺术理念和文化水准。

图2-85 《风卷葵》汪寅仙作品

顾景舟作品的精到与他的人品是一样的,人品如其壶,壶如其人。

"我做《方钟壶》,为了做一个壶嘴,先生为我改了5次。"——潘持平

潘持平:顾老家族观念很强,他是个孝子,既要养父母,又要抚养兄弟的孩子。他脾气固执,很多人在厂里的时候说他很威严。其实他这个人是话不投机半句多,没有共同语言的就不说。顾老身前最器重的人是高海庚。如果高海庚没有早逝,现在就是紫砂界的领军人物。

紫砂的研究是非常重要的。顾老当年在厂里讲学,总共讲了24节课,我做了详细的记录。其中18课保留下来了。

像顾老这样做鉴定、研究的老艺人是很少的,比如让我们来鉴定邵大亨的壶。他的壶只有盖子里有章,如果没有盖子怎么办? 我记得当年顾老教我看它的缺点,他制作的习惯。这是仿的人做不到的。

顾景舟先生与刘海粟大师合作的《凤彗壶》,被广为称颂。先生制作此壶,颇费心力,单是壶嘴,就做了半个月。反复推敲、修饰,不满意绝不安上壶身。先生的高标准严要求,由此可见一斑。1986年,我做《方钟壶》,为了做一个壶嘴,先生为我改了5次。尽管长期受他的教育和熏陶,但是扪心自问,与先生相比差距尚远,有时会有放过的想法,闪过"下次再改"的念头。先生做壶的工具"专款专用",从不凑合替代,哪怕只使用一次,也要尽善尽美。这在现代"做坯佬"中,实属凤毛麟角。难怪有人说他的制坯工具,足足可以挑一担。与先生相比,自愧不如。

1982年9月底,时值紫砂工艺厂在北京端门城楼办展。当时故宫博物院的孙副院长恳请顾景舟先生鉴定库藏紫砂器,我有幸随同。随行的有高海庚、吴震等,由陶瓷组老留组长带领去看藏品,均是尚未鉴定的器物。因为库房低矮、潮湿、十分昏暗(据说是当时小太监住的地方),只能把器物搬到天井才能看得清。当其中一只匣盘搬出来时,先生发出"咦"的声音,我这时正巧站在先生身边,忙问先生什么事,先生指着匣盘里两把"凤嘴龙把壶"说"这是我当年在上海时仿陈鸣远的作品,二大一小总共三把,想不到今天一天就看了一大一小各一把",我一看,果然底部有"鸣远"楷书款。时隔半年多,他在家休息,"你是否记得去年在故宫看的《鸡凤壶》? 我给你看一张照片,这是我回来后找出来的"说着,拿出一张已经泛黄的老照片,上面果然是《鸡凤壶》。由此可见先生并非妄说。

　　顾景舟一改旧式的师徒学艺方式，而是以"传道授业"为己任，以自己丰富的实践经验、扎实的操作功底和很高的文学艺术修养，抓住主线，说理透辟，由浅入深，示范操作，引导启发，来教育学生。为使学生尽快掌握技艺，明了生产工艺，他将紫砂的历史沿革、工艺流程、紫砂陶造型分析、技法处理、烧成热工，总结成"紫砂陶工艺二十讲"，亲自授课。其中，最为突出的是教导学生"工欲善其事，必先利其器"的理念，即领会做壶首先要学会制作工具。他在带徒传艺上既有传统式的师傅带徒弟的制作示范教育，又采纳了学校教育形式用小黑板写操作规程和技法要点等条例，便于学生记忆。他没有门户之见，全心全意为自己钟爱的事业培养人才，真正做到了传道、授业、解惑。

　　顾景舟被紫砂行业内尊为"壶艺泰斗，一代宗师"。如果他是壶艺泰斗，那只是技艺的肯定，但他又是"一代宗师"，是他把理论与实践结合起来，教给了他的学生，他的学生又教给了后人，对技艺的传承作出了巨大贡献，这才不愧一代宗师的称号。他的艺术理念影响了一代又一代人，他带的徒弟成为了现在的大师。今日紫砂的盛景，紫砂传统得以代代传承，其中就有这位为紫砂而奉献的一代宗师"顾辅导"的功劳（图2-86）。

图2-86　《方钟壶》潘持平作品

图2-87　20世纪70年代,顾景舟在制壶

第四节　传承宏扬　凝炼风格

顾景舟曾将自己的紫砂艺术生涯总结为少年仿、中年创、晚年变的三步曲。这是他从时序上总结自己的从艺历程得出的结论。实际上,从他的言行和作品来研究,他所说的仿、创和变,在每一个时间阶段都是相融合的,仿制中磨砺技艺,领悟真谛。他自己经常说的心慕手追,就是对于历史名作和传统有了深入的认识,修炼自己的技艺,才有能力创作,才能够变革。顾景舟在仿制古代经典样式时,是将紫砂历史上曾经出现的最高技艺水平的作品作为对手来竞争的,钻研经典名作的技艺内涵,将历史作品研究透彻了,他再在仿制时融进自己的感悟和创造。在造型处理上,工具的使用上,在制作的程序和手法上,处处都有着他对于这个经典样式的理解渗透其中。因此他的仿制,可以说已经完全融合进自己的创造心绪。这种在传统经典中感悟的意境,使他在构思新的作品、进行创作时,同样对造型、手法、工具等反复推敲,追求达到和超越历史的高度。他的创作化古典为新颖,而新颖中又寓古典,仿制和创作中,每一步、每个细节都在有意识地"变",变为合乎紫砂工艺规矩和道理,变为合乎他心中的审美趣味,变为他孜孜以求的艺术格调和文化韵味。这仿、创、变的三步曲演奏出同一的旋律。顾景舟作品,自然而然地烙上了自己的文化修为和艺术气息,因而就拥有了"顾景舟"的风格。这种风格,行业内简称为"顾派"。严谨、清秀、典雅、温润等词汇好像是可以来表述他的风格。但是,更主要的并非是这些,可能很难用语言来表述(图2-87)。高振宇描述过对顾景舟作品的感觉:"那是一种扑面而来的气息,放在那里,根本看不到'技',而是一个整体,有着文人的高贵和儒雅,也有陶的简洁与质朴。他的壶好像不知从何做起的,我们所看不到的技,完全藏到了整体的艺后面。浑然天成,看不出何处入手、何处收手,只有行内人感觉到他的修炼。他可以从工具的工具开始,花三天的时间整工具,可能仅仅只用几秒钟,他追求的是整个工艺流程中的行云流水般的美感,那是工艺的美感,就如同庖丁解牛。"他的壶中处处蕴藏的顾景舟这个艺术家个体的艺术魅力,他所有的"顶真"、所有的钻研,以及鉴赏眼光,是他对于紫砂的一辈子的修炼和全身心的投入。顾景舟风格的炼成,是一个自觉意识异常强烈,而天赋又恰恰极佳的工艺家,在紫砂艺术的历史长河中,用一己之力把传统的精髓所作的升华,是用处处精心的严谨,用所有的天赋在心

图2-88　顾景舟在制作《僧帽壶》

无旁骛的一生中凝炼而成的。传承和宏扬其实没有像喊口号那么容易，些许的提升，背后却是一辈子的付出。一把顾景舟的紫砂壶出现在人们面前时，就好像如见其人、如闻其声，是端庄，是内敛，是儒雅，更是一种气定神闲的境界。他生前常说"真的假不了，假的真不了"、"我有不会说话的东西留世"，对于作品风格的自信，这本身就体现了顾景舟的风格。

他的门生弟子受到他的言传身教，以及亲手教授，也自然以顾派为标准，以顾派风格为模范。现在"顾派"已经成为一个风格名称，爱好紫砂的人以顾派为一种标准，看作品有没有顾派的味道，做壶的艺人自豪于顾派，这在紫砂历史上，唯有明代时大彬达到过这一高度。如果说顾景舟是传统文化的传承者，更毋宁说他等同于时大彬，更是一个成功的宏扬者。

顾景舟对历史人物和作品的品评，体现了他对紫砂传统的理解，也反映出他凝炼风格的过程。在众多的艺术流派中，顾景舟注重仿制时大彬、陈鸣远、邵大亨作品，认为他们基本代表了紫砂的最高艺术成就，是学习的楷模（图2-88~图2-90）。

他的仿古不是亦步亦趋，而是用批判的态度来剖析历史。

他品评时大彬："揣摩时壶及明代民间的传器，可以看到时大彬后来的制作方法有了突飞猛进。最大的改进是用泥条镶接拍打法凭空成型。紫砂艺术发展到这一阶段，遂真正形成了宜兴陶瓷业中独树一帜的技艺体系。这种高难度的技巧上的巨大创造，虽然也经过时大彬以前的父辈们（包括时鹏、董翰、赵梁、元畅四大家在内）的共同实践，但时大彬是集大成者。经他的总结力行，成功地创制了紫砂传统上的专门技法。《名陶录》云'天生时大神通神，千奇万状信手出'这样的赞颂，唯时大彬足以当之。几百年来，紫砂全行业的从业人员，就是经过这种基础的技法训练成长的。作为紫砂陶艺术优秀传统的继承者，我深深体会到前人创造革新精神的伟大。"

他对于时大彬的尊敬，是基于时大彬的历史贡献，作为后辈艺人对于历史人物的认识。歌功颂德，是他对于时大彬的感激。无锡出土的明崇祯二年时大彬《如意纹盖壶》，他作了如下评价："从造型、制作、烧成火候等各个方面审辩，这壶已是一件技艺成熟雅致的紫砂工艺品，仅选泥与后来精选讲究的清代用泥尚有区别。此壶形制完备、技巧熟练，切合实用功能，是紫砂圆器的佳作之一，完全能体现时大彬的风格。"

图2-89 《供春壶》　　盖印：顾景舟　　把下刻款：供春　　底印：壶叟　　（私人收藏）
顾景舟曾指"供春"或为壶名，非人名，类似有"春供"之意，又或此供春壶式仅为寄托对初创者的纪念。生前一直在作相关考证。

图2-90 《矮僧帽壶》   盖印：顾景舟   底印：景舟制匋

矮僧帽壶造型始创于明代，此壶由顾景舟作于1989年。六方形盖，口盖任意调动，均准缝而合。调砂紫泥制成。

　　陈鸣远也是他推崇的艺人，"清康雍乾阶段，社会相对稳定……紫砂陶艺名人，又得到了施展才技的良好气候。这个阶段，最杰出的应首推陈鸣远。他的作品，可以说是在继承明代传统的基础上大胆创新的产物……从少年习艺直至暮年的五六十年中，所见他的真品虽仅有数件，但凭此已能窥见其艺术素养之深湛。所制珍壶中的几何形类，朴质大方，结构合理，技巧严谨；自然形类，既概括夸张，源于生活而高于生活，并善于借鉴、继承中华民族的优秀传统，如三代青铜器的造型和纹样，利用紫砂泥优良可塑的特征，得心应手，随心所欲地发挥着神工般的技巧，堪为砂艺之观止"。同时，他对于陈鸣远有些作品又有自己的见解：认为可惜"沾染清代宫廷繁缛之气。"（图2-91）

　　"《南瓜壶》反映出陈鸣远是集明代紫砂之大成者，历康雍乾三朝的砂艺名手。他鲜明的个人风格具有这样的特点：既承袭了明代器物造型朴素大方的民族形式，又着重发展了精巧的仿生写实技法，他的实践树立了砂艺史的又一个里程碑。"

　　顾景舟站在历史的高度上看传统：一方面是技艺中手的磨砺，让心手能够达到统一；一方面他的艺术视野非常广阔，审美观念逐步成熟，他的艺术创作也具有了统观全局的胸襟，心手合一，所思所想才能够自如地表达。他的一件件作品，几乎都在仿制中求新意，创作中蕴古意（图2-92、图2-93）。

图2-91　《高虚扁壶》顾景舟作品

图2-92 1994年5月邮电部发行的紫砂邮票,《提璧壶》为顾景舟所作

（局部）

图2-93 顾景舟在制作《仿鼓壶》

他的仿制和创作几乎完全同步, 这一点十分奇特。一切都仿佛瓜熟蒂落, 出乎自然。

在仿制中, 他独独钟爱邵大亨的古朴与端庄。邵大亨, 技艺精湛, 但明、清两代紫砂古文献中鲜有其名, 有关其技艺, 仅见于清文人高熙等的少量文字。但顾景舟见邵大亨之真迹, 揣摩其技艺, 十分推崇。"自习艺开始, 以之为毕生孜孜于斯道的技艺上的楷模, 揣摩端倪, 悟其真谛, 遂以奠定基础。"而大亨壶的精神, 他最为推崇的是"质朴典雅的大度气质, 形式上的完整, 功能上的适用, 又表现出技巧的深刻"(《紫砂陶史概论》)。顾景舟的艺术, 由大亨一脉所承:尤其在技艺、格调、情趣、意境几个方面, 顾景舟心慕手追, 处处以大亨为楷模。他认为"大亨艺技卓越, 秉性刚烈, 情趣闲逸, 当时誉满全邑, 他精彩绝伦的传器, 理趣、美感益然, 从艺者观之赏之, 如醍醐灌顶, 沁人心目, 藏玩者得之、爱之, 珍于拱璧, 不忍释手"。他对大亨的尊崇, 溢于言表。

在格调上, "从格调上来品评, 大亨的传器应该说是紫砂陶文化前进中的又一大转折。他一改盛清阶段宫廷化的繁缛靡弱之态, 重新强化了砂艺质朴典雅的大度气质；既讲究形式上的完整、功能上的适用，又表现出技巧的深到，成为陈鸣远之后的一代宗匠。笔者自习艺开始，以之为毕生孜孜于斯道的技艺上的楷模，揣摩端倪，悟其真谛，遂得以奠定基础"。

大亨具有艺术家的真性情，"大亨刚烈的个性，在清《宜兴荆溪县志》上有如下的一段记载：有邑令欲得之，购选泥色招入署，咱以重利，留之经旬，大亨故作劣者以应。令怒而杖之，亦不呶暴也 。这显示了大亨是一个威武不屈，富贵不淫，贫贱不移，珍惜艺术灵魂的坚强艺人，具有高贵的品质"。

"大亨在情趣上亦颇为闲逸，他在创作中注意把握灵感，正如高熙赠他的文章中所品评的：'或游览终日，或静卧逾时，意有所得，便欣然成一器。否则，终日无所作，或强为之，不能也。'一个投身艺事的人，没有这种精神，犹如从事文学创作的人缺少'语不惊人死不休'的志气一样，大亨是能够进入艺术境界的一代大家。"

大亨品格、艺德、情趣和其作品之技艺、形神，给予顾景舟最为直接的滋养。他仿大亨的《仿鼓壶》，就深得神韵，而仿的同时，他的"创"意又蕴涵其中，做出的，是一把顾景舟《仿鼓壶》。

顾景舟《仿鼓壶》，以大亨仿鼓为样，与当时为农业银行所做的《座有兰言仿鼓壶》款式不同。大亨式仿鼓壶，为暗假底，壶身、壶盖以及壶纽，以饱满的扁圆形体为主，壶口和盖由两条浑圆线条合成，壶嘴和壶鋬，圆而满、圆而润，与壶体衔接自然天成。大亨仿鼓壶已经是仿鼓壶中的公认的极品了，而顾景舟揣摩大亨壶时间最长，对大亨最为心仪，他下手做大亨仿鼓壶，需要一种极大的勇气。

他的《仿鼓壶》，融入了新意：如果要与大亨壶相比，那么"扁"正是顾景舟《仿鼓壶》的新意所在。壶身比大亨《仿鼓壶》整体扁一些，但是正如他教导弟子的造型法则，再扁的壶身都有肩、有腹、有足，他的这件《仿鼓壶》，肩部有圆润的转折，如同明式家具中的肩，发出紫砂材质的光泽；腹，并非是常人所为的抛物线，一泻到底，而是抛出后有收回的弧线，这种收几乎不易觉察；而足，要立，只要翻看壶底，就能感到足的挺立和有劲。唯有能立的足，才能使那么扁的壶身在桌上立而不塌。而加底的处理，也是内凹的反弧，视线可以游走往还，气脉不断。

壶嘴是琢的暗嘴，是紫砂中最难琢好的一种，暗嘴就如同从壶体拉伸的肢体，琢多就臃肿，琢少就伶仃，壶嘴琢得不多不少，既有健硕的感觉，又不能显得粗壮。为减轻整体壶的浑圆的分量感，壶嘴出水处的圆孔就处理得特别薄，就显得灵动起来。

壶錾在拿握时，会感到分外健硕，感觉比一般的壶錾要粗很多，但是看起来却有不同的感受。外部弧度圆润舒服，会感觉到内侧是有意做成平的，大亨壶的壶錾是浑圆的，而顾景舟《仿鼓壶》壶錾内侧是平的，是搓好壶錾的泥条后，让泥条自由落体摔在泥凳上形成的，这一摔，壶錾在视觉上少了厚度、少了臃肿，触觉上却分外有力量而且拿握十分舒服得手。

盖子虚起的弧度也偏平，壶纽也是扁圆的弧线（这件壶的盖子翻过来放在桌子上，完全可以平放，旋转也不会倾侧，可以表明弧度的扁平，也说明盖子四周用泥厚薄之匀图2-94、图2-95）。

图2-94　《仿鼓壶》的盖子不会倾侧

盖线口线仔细看并非合成一线，而是上下线有天压地的感觉，这种感觉细微到了只有手感上的一点点微妙触动，这来自顾景舟对于紫砂泥的敏锐感觉，就像他所说，"泥是活的，是会说话的"。

壶纽虽小，却有收拾全局的点睛作用，他的壶纽，同样有顶、有肩、有腹、有足，形完而气足。

顾景舟《仿鼓壶》，处处俊俏挺拔，通体自然如天成，工极、韵极毫无刀斧痕迹，而泥质又十分细腻。把玩时，有温其如玉，滑不留手的感觉，令人爱不释手。顾景舟为做出自己的《仿鼓壶》，制作箅只，盖头箅子以及线杠等工具，使新形式能够完美呈现。他所展现的《仿鼓壶》的造型美，与大亨《仿鼓壶》相比，有人说，一个是小生，一个是老生，味道不同了，这从侧面说明了他在"仿"中创出了属于顾景舟的新格局。

由此可见顾景舟的《仿鼓壶》，仿自大亨，却蕴涵着精神之创、工艺技艺之创、形体之创。

图2-95 《仿鼓壶》　　盖印: 顾景舟　　底印: 景舟制匋　　（摄影: 朱江龙）

如果说《仿鼓壶》是顾景舟的"仿"，到了《笑罂壶》，纯熟的技艺和造型上的修为，自然而然产生出全新的形体，瓜熟而蒂落，传统与创新、继承与宏扬，在形神兼备中得到统一。

《笑罂壶》的壶身拍打一气呵成，除颈下饰薄薄一层云肩线，口、盖有相合天地线，壶纽足起薄线外，通体再无装饰。高大只，高加底，从壶口到壶底，转折过渡张弛有致。整体充满圆器的韵味，壶嘴顺势而生，壶鋬飞起后圆转而收，起承转合，处处圆润、处处流畅、处处往还回转，气韵流动，造型生动如行云流水（图2-96）。

晚年顾景舟曾在《此乐提梁壶》上镌刻一段文字，他自己作了释文："智欲其圆，行欲其方，方圆相济，允克用藏。"方圆二字中蕴含着玄机，方非一式，圆不一相，相济相生，奥妙无穷。表达他凝炼壶艺意境，乐在其中的感叹。顾景舟毕生孜孜以求的艺术之境，在传承与宏扬的筚路蓝缕中，在千锤百炼的方圆形象中，得到了完美的呈现。

图2-96 《笑罂壶》　盖印:顾景舟　底印:景舟制匋　(摄影:黄怡嘉)

顾景舟大师紫砂壶代表作品（图2-97~图2-118）

图2-97 《红泥碗灯壶》　　盖印:景洲　　底印:武陵逸人　　顾景舟早期作品　　（摄影:朱江龙）

图2-98 《茄段壶》   盖印: 景洲   底印: 自怡轩   顾景舟早期作品   (摄影: 黄怡嘉)
此壶一面绘刻折枝花鸟，一面刻有"茶分花上露 水汲石中泉 石生"。

图2-99 《高线三足提梁壶》　　盖印：顾景舟　　底印：荆南山樵　　顾景舟早期作品　　（私人收藏）

图2-100 《藏六壶》　盖印: 景舟　底印: 得一日闲为我福　顾景舟早期作品　（私人收藏）

图2-101 《玉璧盖提梁壶》　　盖印：顾景舟　　底印：景洲制壶　　（摄影：黄怡嘉）

图2-102 《牛盖莲子壶》　　底印：景舟制匋　　（私人收藏）

图2-103 《乳鼎壶》　　盖印: 顾景洲　　底印: 景舟制匋　　把印: 景舟　　〔摄影: 黄怡嘉〕
20世纪80年代为教授高振宇、徐徐而作。

图2-104 《矮石瓢》　　盖印：景舟　　底印：景舟制匋　　（摄影：朱江龙）

图2-105 《雪华壶》 盖印：顾景舟 底印：景舟手制 （摄影：黄怡嘉）
继《僧帽壶》后，顾景舟镶接方器成型法之创作作品。

图2-106 《高僧帽壶》　　把印: 壶叟　　盖印: 顾景舟　　底印: 景舟制壶　　（私人收藏）
泥片镶接成型，全器由二十多块泥片镶成，是镶接成型中难度最高的作品。

图2-107 《提璧壶》　底印: 景舟七十后作　（摄影: 黄怡嘉）
20世纪50年代与高庄教授合作, 邮电部曾发行紫砂邮票, 该壶为四方联中一件。

图2-108 《上新桥壶》　　盖印：顾景舟　　底款刻：庚申孟夏景舟制　　（摄影：黄怡嘉）
顾景舟创作作品之一，其中可见洋桶壶与仿鼓壶等传统之精神。

图2-109 《子冶式石瓢壶》　　盖印: 顾景洲　　把印: 壶叟　　底印: 荆山壶隐　　（私人收藏）

图2-110 《仿鼓如意壶》 盖印:景舟 底印:顾景舟 (私人收藏)
该壶由绿泥制成,壶身镌刻"善养百花 惟晓露 能生万物 是春风"。

图2-111 《秦权壶》   盖印: 顾景洲   底印: 景舟制匋   (摄影: 黄怡嘉)
秦权壶纽、盖、肩、腹、足凝成一体, 看似简洁的形体在工艺技艺上却有相当高的要求。

图2-112 《汉铎壶》 （摄影：黄怡嘉）

汉铎壶的底片与加底衔接十分贯气，浑然一体，整体简洁中见生动。壶嘴略带唇线，处理微妙。

图2-113 《大石瓢壶》　　盖印: 顾景舟　　底印: 景舟七十后作　　把梢印: 壶叟　　（摄影: 黄怡嘉）

图2-114 《仿鼓壶》 范曾绘 顾景舟刻 底印：景舟手制 （私人收藏）

图2-115 《磉扁壶》　　盖印: 顾景舟　　底印: 景舟制匋　　（私人收藏）
此壶为晚年所制，仅做一件。

图2-116 《云文三足鼎壶》 盖印：顾景舟 底印：宜兴汤渡陶业生产合作社出品 〔摄影：黄怡嘉〕

图2-117 《莲蓬水盂》 底印:景舟 （摄影:朱江龙）
顾景舟在上海仿古期间曾经对仿生砂器下过苦功，他的"花货"与他的光素砂器一样，讲究合理和合用，讲究工艺上的精湛，也讲究布局上的章法。后顾景舟为弟子高海庚打样，曾由高海庚制作《蛤蟆莲蓬壶》。

图2-118 《大梅花壶》　盖印：景舟　底印：景舟制匋　（摄影：黄怡嘉）
花瓣印版都由顾景舟亲手琢制，梅花花瓣及出枝参考唐云画谱所绘。

艺术观点

第 三 章

第一节　《紫砂陶史概论》

宜兴陶瓷生产的历史，源远流长。从各个方面的文献资料和考古发掘调查所积累的文物资料来看，宜兴地区的制陶业始于原始社会时期。

根据宜兴全境内分布的古窑普查资料，宜兴陶瓷业的起源该不晚于5000年前的新石器时代。在张渚区归径乡的骆驼墩、唐南村以及鼎蜀区渰东乡的埭里村、元帆村（下层）都找到了以细泥制的红衣陶钵、夹砂粗红陶鼎、釜及牛鼻式耳罐为特征的陶器，它们与磨光的石斧、石磅共存于新石器时代遗址中。陶器的主要特点都与太湖流域及钱塘江流域的"马家浜文化类型"特点相一致。

考古调查发掘的大量文物资料，说明随着生产斗争经验的不断丰富，从事宜兴陶业生产的原始居民的制陶技术也在不断演进，与太湖周围的其他氏族社会生产同步向前发展着。在同一个文化遗址，如鼎蜀附近元帆村的叠压（中层）中，可以明显地看到一个发展过程：最早的以盘筑法手制后，经过充分氧化焰烧成的低温红陶，如何过渡到轮制后经过还原气氛烧成的灰陶或再用渗炭法烧成的乌黑发亮的黑陶。伴随陶器出土的石器工具证明，该遗址的文化分期应划入"良渚文化"时期。再往后，相当于商周之际的几何印纹软陶和磨制石器、小件青铜器共存的文化遗址，在鼎蜀周围地区也发现了好几处，如张泽乡寿山村东沆边和大树村山坡等地。

在分布全境内的古窑遗址调查考察中，曾发现大量的残陶碎片，加之川埠乡和西山前"汉代窑址"、南山北麓"六朝青瓷窑址"、汤渡村"古青瓷窑址"、均山"青瓷古窑址"、涧㵆"唐代古龙窑遗址"的墓葬出土，也有几何印纹硬陶、原始青瓷以及汉代的陶罐、陶鬲、陶瓶、陶鼎，证明宜兴不但是"印纹硬陶"的基地，也是原始青瓷的另一故乡。

唐以后直至南宋的古窑址，几乎遍布县西南部靠山地带的许多乡村，这也都说明宜兴的陶业是名副其实地有着历史渊源的。下文将就宜兴陶瓷发展史上的几个问题逐个加以探究。

根据实地调查勘察以及有关史料的查证，宜兴窑业区域范围自南宋以来的变迁情况如下：宋王朝南迁后，受当时社会政治军事的影响，西部山区的制陶业，也纷纷投入为军需服务的生产中，大量生产各种大小水罐。在调查中发现的每一古窑址的残陶堆,几乎全部是大量所谓"韩瓶"的废器,其中也间杂很多较为完整的产品。但这些产地,似乎在南宋投降后,就没有再生产的迹象。

自南宋迄元代的将近一个多世纪中,宜兴的制陶业,虽然持续生产,但并无明显的发展趋势,一直要到明代才逐渐中兴。明代陶业逐渐由宜兴西部山区向东南方向转移。由于东南地区依山傍水,矿土资源丰富,水陆交通方便,社会政治又相对稳定,宜兴制陶业才有着长足的发展。据调查,明初宜兴窑址多分布于沿山一带:南起洑东乡白坭场,北至川埠查林大岭下,纵长20余华里,至今还存有近数百年前的窑址。到明代中晚期以后,南北窑业相互靠拢,逐渐在鼎蜀镇形成了方圆约15平方公里的称誉中外的新陶都。

宜兴陶瓷业有着优秀的历史传统,总是以生产日常生活用陶为主流。几千年来,随着社会发展、时代变迁,它历经几度兴衰,但基本上没有断产,其所以有这样强大生命力是和上述传统直接相关的。

1. 宜兴陶业统称中的几个分支

宜兴陶业从明清以来,大体可以分为6个大类型,按照当时的行次,分称:粗货(指最大型的缸、坛类)、溪货(指腌菜瓮、酒坛类)、黑货(指中小型盆罐类)、黄货(指日常炊具,如砂锅、糖罐等小罐小坛类)、砂货(指中型盛器,如陶钵以及"汤婆子"之类)、紫砂(指茶壶、花盆、瓶鼎和工艺陈设品的紫砂工艺陶)。

2. 紫砂陶的创始和发展

紫砂陶瓷艺术的创始,根据对一些历史文献的研究和古窑址的发掘,可以追溯到北宋中叶。

先说文献记载。如梅尧臣《宛陵集》第十五卷《依韵和杜相公谢蔡居谟寄茶诗》有句云"小石冷泉留早味,紫坭新品泛春华";第三十五卷《宣城张主簿遗雅山茶次其韵》有句云"雪贮双砂罂,诗琢无玉瑕"。又如元代蔡司霑《霁园丛话》里也记载说:"余于白下获一紫砂罐(俗称壶为罐),有'且吃茶,清隐'草书五字,为孙高士遗物,每以泡茶,古雅绝伦。"(注:孙高士名孙道明,号清隐,元末人,曾名其居处为"且吃茶处")这些吟咏和记述,多直接谈到了紫砂茶具,说明在宋元间宜兴已有了紫砂器。

再说古窑址的发掘。在鼎蜀地区,由于古今窑址的重叠,加之解放后废弃旧式龙窑,宋代窑址已较难寻觅;再者,古代窑址分散,故发现的数量也较少。这些窑址发现的产品以缸类为主,与张渚地区发现的有所不同。比较重要的宋代窑址，是1976年红旗陶瓷厂兴建隧道窑移山整基时发现的蠡墅村羊角山的早期紫砂窑址。就笔者实地考察所见，羊角山窑址为一小型龙窑，长10余米、宽1米多。当人们发现它具有考古价值而加以重视时，其墩阜已被掘去大半，尚有小部分埋在地基之下。窑址旁边的废品堆，上层为近代的缸瓮残器；中层为元至清初的废品（中有细颈大腹的釉陶注壶及器肩堆贴菱花状边饰的陶瓮等）；下层则是早期紫砂器的废品。羊角山早期紫砂器的废品堆，以各式壶类为主，有大量的壶身、壶嘴、提梁、把手和器盖发现，特别要指出的是，部分壶嘴上的捏塑龙头装饰，与宋代流行于南方的龙虎瓶上的捏塑手法相一致；再结合此层所掘出的宋代小砖，以及中层出土的具有元明风格的器物来看，大致可以推定下层堆积物为宋代产品，而主要的烧造年代大抵在南宋，其下限可能延续至元代。

观察羊角山出土的早期紫砂残器可知，其器物的用途与明清乃至现代的紫砂器有较大区别。当时的紫砂器，如钵、罐、壶等，胎质均较粗，制作也不够精细，可能作煮茶或煮水之用。但考查中华茶道文化，在宋代还未发展到手撮茶叶、用壶冲饮，替代烹煎方式的阶段，1966年，在南京市郊外江宁县马家山油坊桥挖掘的明嘉靖十二年（1533年）司礼太监吴经墓曾出土一件紫砂提梁壶，从它的形制与装饰纹样推测，它被用作案几陈设品的可能性也是存在的。

3. 紫砂陶技艺上的演进

拿《阳羡茗壶系》（明朝周高起著）、《阳羡名陶录》（清朝吴骞著）和《宜兴县旧志》等史籍的记载，来跟羊角山古窑址发掘所得残器的制作工艺结构、手段，以及南京郊外吴经墓出土的那件紫砂提梁壶的制作工艺技法对照着揣摩，可知史籍文献的记载是正确的。紫砂陶因宜兴制陶工艺不断演进而诞生，这个观点是研究紫砂历史得出的。《阳羡茗壶系》的"创始"一节及《宜兴县旧志》的"艺术"一章，都这样记载着：金沙寺僧久而逸其名矣，闻之陶家云：僧闲静有致，习与陶缸瓮者处，"抟其细土，加以澂练，捏筑为胎，规而圆之，刳使中空，踵傅口、柄、盖、的，附陶穴烧成，人遂传用"。又如《阳羡茗壶系》的《正始》云："……供春于给役之暇，窃仿老僧心匠，亦淘细土抟胚，茶匙穴中，指掠内外，指螺纹隐起可按，故腹半尚现节腠，视以辨真。……"但这些文字的说法，可能使局外人摸不着头脑。在清吴骞著的《阳羡名陶录》里编载周容的一篇《宜兴瓷壶记》，介绍了砂壶的制作技法，稍觉合理，但文章好杜撰术语，使人费解，且文字佶屈聱牙、艰涩难懂，即使陶人，若浅于文理，也不易领会。这里仅就文中技艺改革演进部分，断章摘引几句,以说明紫砂创始之技法:"……始万历间大朝山僧(当作金沙寺僧)传供春;供春者,吴氏之小史也,至时大彬,以寺僧始止。削竹如刃,剜山土为之。供春更斫木为模,时悟其法,则又弃模,而所谓削竹如刃者,器类增至今日,不啻数十事……"这些话显然是作者周容实地察看制壶的全过程,又向陶人了解砂艺当时及以往的一些制作情况后记下的。

对照早期的紫砂器(如羊角山发掘的残器和明吴经墓出土的提梁壶)不难发现,其成型方法多和手工日用陶砂锅小罐等的制法相一致。周文中提到了金沙寺僧削竹如刃的手工捏作及供春斫木为模的成型技法,实际上,用模制壶的技法,金沙寺僧和供春之前很久便有人运用。倒是"时悟其法,则又弃模……"这一点我们确实应该承认。揣摩时壶及明代民间的传器,可以看到时大彬后来的制作方法确有了突飞猛进。最大的改进是用泥条镶接拍打法凭空成型。紫砂艺术发展到这一阶段,遂真正形成宜兴陶瓷业中独树一帜的技术体系。这种高难度的技巧上的巨大创制,虽然也经过时大彬以前的父辈们(包括时鹏、董翰、赵梁、元畅四大家在内)的共同实践,但时大彬是集大成者。经他的总结力行,成功地创制了紫砂传统上的专门基础技法。《名陶录》云:"天生时大神通神,千奇万状信手出。"这样的赞颂,唯时大彬足以当之。几百年来,紫砂全行业的从业人员,就是经过这种基础技法的训练成长的。作为紫砂陶艺术优秀传统的继承者,我深深体会到前人创造革新精神的伟大。

4. 砂艺的鉴赏

有几百年历史的紫砂,也是历史悠久的我国民族文化的有机组成部分,它包括物质文化和精神文化两个方面,但两者之间又相辅相成,不可截然分割。

明代中叶,正值中华茶文化的鼎盛时期,茶的品饮方法日趋讲究,沏茗畅饮替代了宋代流行的烹煎。因此,茶事开始讲求器具,其所具有的艺术价值与使用价值端赖茶事的发展而发展,二者之间相互推进,具体表现在精神和物质两个方面。品茗本是生活中的物质享受,茶具的配合,并非单纯为了器用,也蕴涵着人们对形体审美和对理趣的感受,既要着重内容,又要讲求形式,以期达到内容与形式之间的矛盾统一。一件真正雅俗共赏的珍品,应有它出类拔萃的气质和高超的技巧功力,方能得到社会的公认和历史的肯定。

关于砂艺之品位问题,应该这样来看,任何种类的工艺美术,从某种意义上讲,都具有一定的共通性。书画、金石、琢玉、竹木雕刻等等,都有它一定的技艺层次：或属于艺术层次、或属于高档层次（指批量商品分档）、或属于普及层次（即生活日用品）。砂艺情形亦然。造型形态完美，装饰纹样适合，内容健康向上，使用功能理想，制作技巧精湛，且艺趣盎然，雅俗共赏，使人把玩不厌、怡养性灵的，才够得上艺术层次的上乘，堪称传世杰作；其次是因瑕就瑜，美中不足，有趣失理，有理失趣，不能兼胜者，是为中乘；至于高档层次，大都出自基础技术比较扎实的艺人技工，复制某种佳作，痛痒无着，技虽精而艺不足，终不免匠气流溢，难臻高尚境界，有识者当能有会意合理的评点；普及层次的成品乃出自某地区赖以发展经济、维持人民生活、沟通物质交流的地方事业，它是为适应社会消费的需要而制作的。

5. 历史发展过程中几位大家的成就

金沙寺僧与供春，是史籍中第一批有姓名可稽的人士；与供春同时，还有四大家：董翰、时鹏、赵梁、元畅（一曰元锡），可惜他们的作品，连明代周高起的《阳羡茗壶系》和清代吴骞的《阳羡名陶录》两书，都说没有见过，在四五百年后的今天，更无从评说了。

砂艺史上一致推崇的大家，当以时大彬为典范。他的贡献在于：对砂艺开创时期技艺法则的创造性革新，这是后辈从业者都应为之歌功颂德的；更重要的是，他为后世留下稀世杰作，创紫砂艺术陶文化的先河。本编敬将其凤毛麟角的几件传器，列于图版卷首，供爱好者欣赏品评。

在时大彬同时或之后的几位砂艺作者，他们仅留姓氏于经传，却未见确切可信的传器，无法评点。其中时被提及的有：与李茂林（时大彬同代人）并称为"三大"的时大彬两个徒弟李仲芳和徐友泉，以及其他许多徒弟蒋伯荂、欧正春、邵文金、邵文银、陈俊卿等，另外还有陈用卿、陈仲美、沈君用、惠孟臣等人。

《桃杯》的作者圣思，史籍上未曾列载，无从考据他姓什么，但凭这件传器，观摩欣赏他的艺技，其巧妙的构思、精湛的技巧，真可谓重镂叠刻，虽名为杯，谁忍心用它饮茶。作为技艺高超的陈设品，它堪称砂艺又一个流派的代表作。

在明清这两个朝代更替的动荡时期，文化生活曾处于低潮。砂艺的发展，自然也受到一定的阻滞。清康、雍、乾阶段，社会相对稳定，反映各个时期经济基础和与之相适应的政治体制的物质文化复见生机。紫砂陶艺名人，又得到了施展才技的良好气候。这个阶段，最杰出的应首推陈鸣远。他的作品，可以说是在继承明代传统的基础上大胆创新的产物。笔者从少年习艺直至暮年的五六十年中，所见他的真品虽仅有数件，但凭此已能窥见其艺术素养之深湛。所制珍壶中的几何形类，朴质大方，结构合理，技巧严谨；自然形类，则概括夸张，源于生活而高于生活，并擅于借鉴、继承中华民族的优秀传统，如三代青铜器的造型与纹样，利用紫砂泥料优良可塑的特征，得心应手、随心所欲地发挥着神工般的技巧，堪为砂艺之观止。惟其美中不足者，在于其部分作品，沾染着清代宫廷之繁缛气息，却也是时尚所趋，在所难免。

由于鸣远名噪一时，品位高卓，故仿效者众，伪冒赝品，因而泛滥流传，时至今日，余孽不绝。

这一时期成就可观的砂艺作者，还有邵玉亭、王南林等人。邵玉亭曾为乾隆宫廷制器，笔者50年前曾见一壶，一面浮雕荷趣，一面铁线凸描篆书乾隆御制诗七绝一首，制作非常精细，此人也应是当时的佼佼者。

王南林当时亦颇有声望，但观其遗作，亦仅以浑朴胜，未及精巧。

殷尚、陈荫千、邵旭茂、杨季初等，传器都甚寥寥，本编依次收入有关图版，从艺技上观赏，各有千秋，或技巧刻画缜到，或造型气度宏伟，或题材形式典雅，各擅胜场。

历史延续至清嘉庆、道光年间，也陆续出现许多骚人墨客热衷紫砂陶艺（在此不作胪列，日后当作专题述说）。最突出的要数当时的金石书画家陈鸿寿与砂艺作者杨彭年的结合。陈鸿寿，字子恭，号曼生，浙江钱塘人，嘉庆六年（1801年）拔贡。在艺术上，他主张"诗文书画，不必十分到家，乃时见天趣"，从中可以看到他的艺术欣赏观。陈鸿寿在溧阳做县宰时（许多记载都误作宜兴县宰），一度与杨彭年合作，由杨彭年制壶，曼生刻写。在壶上题铭书刻，即滥觞于此。曼生是一位在书画、金石、文学上有相当影响力的人物，他的爱好并涉猎砂艺，与杨彭年合作当是顺理成章的事。笔者一生中偶见他的三、五真器，印章、书法、词藻镌刻款式均书卷气息醇厚，另饶一番文艺情趣，但彭年的壶艺技巧，功力平凡，并不出色。所以，笔者过去在一篇小文中，曾说曼生壶"壶随字贵，字依壶传"。

至于传说中所谓曼生曾参与造型设计，这当然很有可能，然而，若说什么18式、19式，那就实属无稽之谈了。很多以讹传讹的谬论，大致起源于民初狡黠的古董商所编写的一部《骨董琐记》。那是专借历史文献中的一些记述，捕风捉影，绘声绘色，为各种传统工艺品的摹制赝品而作舆论工具的。更有甚者，在曼生壶的传器中，有"曼公督觞茗壶第四千六百十四为犀泉清玩"。像这样的作品，使探讨史实的人，不能不产生疑窦；曼生作溧阳县官，按清官制，县令一任三年，封建社会的地方官能如此闲适吗？在三年县任内，即使专司其事地以工余之暇死劲干，也要合到四、五件一天。若请人代庖，也必须雇佣至少两三个专职人员方能完成偌大数量，能使人信服吗？陈曼生在清代文学艺术各方面都有相当的地位，不可能粗制滥造。

曼生之与彭年合作，可以说是一代艺缘，两人定有深厚的友谊在；当时砂艺超出彭年的另有人在，而曼生始终未与他人合作，不然砂艺史上兴许另有绝唱。

于廷，也常有人提及，可惜未见传器。倒是另外一位叫虔荣的，应记上一笔。虔荣，潘姓，宇菊轩。名在《宜兴县志》长寿耄耋之列，当地砂艺老辈颇为推重。高熙的《茗壶说赠邵大亨君》一文中，亦首提其名。现尚有二佳器传世。此壶曾见于《宜兴陶器图谱》（台湾出版，第202页图版），壶底刻有纪年名款及作者年龄。1937年李景康、张虹著《阳羡砂壶图考》，即载有碧山壶馆及披云楼各藏同型同款紫砂大壶一持，"……砂细工精，底镌楷书'岁在辛卯仲春，虔荣制时年七十六并书'十六字"。笔者1981年秋访问香港时，由罗桂祥先生陪同参观香港中文大学文物馆，偶见珍藏砂器中有此同样款式的壶，很觉稀罕，亦感欣逢。据馆长高美庆博士介绍，此壶数十年中辗转新加坡、台湾、香港，现为私人所庋藏而寄存博物馆中。笔者于1985年和1989年再访香港时，都去香港中文大学文物馆观摩欣赏，洵可乐也。

按上述该壶和作者的纪年推算，作壶年代当为道光十一年（1831年），是年虔荣76岁，往上推算，虔荣当出生于乾隆二十一年（丙子，1756年）。陈鸿寿生于乾隆三十三年（戊子，1768年），卒于道光二年（壬午，1822年），据此，虔荣即长于曼生12岁；曼生去世时，虔荣还健在，且76岁尚有如此佳作。

邵大亨，上袁里人，准确的生卒年已无法查考（因邵氏宗谱毁于"十年浩劫"），估计约生于乾隆晚期，殁于道光末年。大亨艺技卓越，秉性刚烈，情趣闲逸，当时誉满全邑。他精彩绝伦的传器，理趣、美感益然，从艺者观之赏之，如醍醐灌顶，沁人心目；藏玩者得之爱之，珍于拱璧，不忍释手。本书所收的几件作品，尚不足以窥其全貌。

从格调上来品评，大亨传器应该说是紫砂陶文化前进中的又一大转折。他一改盛清阶段宫廷化的繁缛靡弱之态，重新强化了砂艺质朴典雅的大度气质；既讲究形式上的完整、功能上的适用，又表现出技巧的深到，成为陈鸣远之后的一代宗匠。笔者自习艺开始，以之为毕生孜孜于斯道的技艺上的楷模，揣摩端倪、悟其真谛，遂得以奠定基础。

大亨秉性的刚烈，在清光绪《宜兴荆溪县志》上有如下的一段记载："……有邑令欲得之（指壶），购选泥色招入署，啗以重利，留之经旬，大亨故作劣者以应。令怒而杖之，亦不呶暴也。"这显示了大亨是一个威武不屈、富贵不淫、贫贱不移、珍惜艺术灵魂的坚强艺人，具有高贵的品格。

大亨在情趣上亦颇为闲逸，他在创作上注意把握灵感，正如高熙赠他的文章中所品评的："或游览竟日，或静卧逾时，意有所得，便欣然成一器。否则，终日无所作，或强为之，不能也。"一个投身艺事的人，没有这种精神，犹如从事文学创作的人缺少"语不惊人死不休"的志气一样。大亨是能进入艺术境界的一代大家。

与邵大亨同时的邵友兰，年龄稍轻，亦生于乾隆晚期，殁于同治初年，享寿颇高。笔者幼年时，听祖辈述其甚详，故颇为耳熟。他所用印章有椭圆式带边纹的"阳羡邵友兰制"，还有带边方章"友兰秘制"，小印楷书"友兰"二字，铭刻一般署"二泉"所作。故宫博物院及爱壶家均有藏器。但在技艺上，他比大亨则要逊色多了。

以上品荐之虔荣、大亨、友兰三人，都是陈曼生同时期人。他们传器的技艺水平量之于杨彭年，都要高出，后世谙于砂艺鉴赏之道者，没有不称道他们的。

蒋德休，字万泉，历清道光、咸丰、同治三朝，据光绪《宜兴县志》记载：德休"工抟埴业，无所师承，而艺极精，凡茗壶、花盆、杯盘及一切书案陈设器具，色色工致，为一时之冠"。观其传器实质，《县志》似有溢美之词，姑且记之，以待有识者公论。

邵友廷、邵湘甫、邵权衡（一字权寅，又号赦大）这三个人，应推友廷为首，都生于道光朝，历咸丰时皆已壮年，先后殁于光绪年间，生平并皆载入《宜兴县志》。

本编收入黄玉麟力作数件，故亦着重品荐，借此机会，也想说明一下他的生卒年限。黄在清同治初年，随邵湘甫习艺，当生于道光末年或咸丰初年。太平天国兵燹以后，他遂拜在邵湘甫门下。湘甫与笔者祖辈有葭莩亲，故亦自幼耳熟。黄殁于民国初年，终年60余岁。他的成就，读者仔细观赏他的传器便可了解，鄙以为他是自大亨之后唯一杰出的人物。黄在技艺上亦是多面手，方圆器形都擅长，每器纹样、细部、结构、衔接、刻画，均清晰干净，但一般圆器终觉得浑塌塌然，腴润有之，巧丽欠缺，有大亨的格调而无大亨的气质。《宜兴县志》有黄玉麟传记。

程寿珍是邵友廷之养子，同治四年（1865年）生，民国二十八年（1939年）卒。承父家教，少年所作品类较多，中年至晚年仅制三个品种：掇球、仿古、汉扁。技艺娴熟，形制掌握正确，不务妍媚，粗犷中饶有韵致，是个多产作家。他的壶价廉物美，当时嗜壶者都能购得，故其传器较多，颇受大众推崇。常用印章"冰心道人"、"寿珍"，把下则钤"真记"二字小印。其子盘根，一向做与其父相同的品种，并以其父所用印章钤之，以致混淆真伪，但盘根形制掌握差父远甚，故识者大抵不难辨认。

陈光明，字匡庐，小名顺宝，中年以后，依其女侨寓上海，艺技较同辈精致，复仿历史作品，则技不如黄玉麟。传器朴雅古茂、格调较高。

俞国良，原籍无锡，1939年卒，享寿65岁。传器制作严谨、器形格调雅致，是晚于黄玉麟的名手，但总的表现，又逊于黄玉麟一筹。

砂艺自明代到现在这几百年中，是逐渐演进发展而成为宜兴陶业中一个独特体系的；它能跻身于中华民族物质文化的一脉——紫砂陶文化中，并非哪一位巨匠个人的功劳，而是无数名师高手实践创造的结果。以上简略介绍部分历来公认的砂艺大家的成就，意在凭一己之见，抛砖引玉，供热忱于砂艺的人士共同探究耳。

今天的紫砂工艺，在百花齐放的形势下，虽正欣欣向荣，但它今后究竟应当朝什么方向继续发展，却仍见仁见智。

人类社会的精神文化与物质文化在不断演进发展着，旧事物总是要被新事物替代。造型艺术的审美趣味亦然。各个时代的人们对器用要求的差异，相应地反映出不同的审美观。当前，人类社会的科学技术突飞猛进，一日千里，过去了的生活方式、审美方式，不可能再一成不变地倒回来。

但文化又是靠世世代代相互继承积累下来的，它是属于全人类的。艺术欣赏、审美活动不分国界，"古为今用"、"洋为中用"也已成为人们的共识。显而易见，古代优秀的传统，应该批判继承，例如：对于我国民间工艺美术，特别是对于其中高难度技巧的部分，更应研究掌握，不能畏惧，不认识到这一点，就是一种短视和无知；同样的道理，外国的新鲜事物，也要有选择地为我所用，但这种"用"为的是开拓视野、有所创新，而不是背弃我们的民族形式与地方特色，这种民族形式与地方特色，才使我们的艺术有着可贵的独立价值。

是在继承传统的基础上而后创新，还是破坏了传统而后标新立异？我认为正确的选择应是前者。

继承传统而创新，就是窥探历史，认识传统，在砂艺领域里，唯有锻炼并掌握高难度的基础技巧，工艺改革才能有突破性的创新。一个人的生命是短暂的，假定能活80岁，那他的创作年限至多不过60年。下一代如果踢开师承，重起炉灶，那就永远谈不上文化积累，即使哗众取宠，也只能是昙花一现，没有推广和传世的生命力。民族文化的发展，不能舍源逐流，唯有不忘本、肯开拓，才能不断提高，永无止境。

艺术品不一定是实用品，但实用品宜艺术化。应该从千变万化的形式中，求出能与具体内容相配合、相统一的一种，并使之臻于完美的境界，这样创制出来的东西才能有活泼的生命力。

本书的编著正处于紫砂工艺的黄金时代，编者悉力搜集各大博物馆及私人所庋藏的历代珍品，加以编排整理，公诸于世，力图显现砂艺的真正历史面貌，彰扬其艺技上的优秀传统，希冀进一步提高世人对紫砂工艺的真正认识，俾使紫砂事业传承有据，创新有路，百尺竿头，更进一步。区区宿愿，倘蒙天下紫砂爱好者及各界人士共同关心、垂注，进而扶持紫砂艺术这枝绚烂的奇葩，使之绽放惊世新花，则于愿足矣！

1991年5月18日完稿

第二节 《浅谈紫砂壶》

紫砂壶的特点

宜兴紫砂陶土,是祖国得天独厚的地质宝藏,性能特殊,具有优良的可塑性,属陶瓷工艺原料中的耐高温烧结陶土。经物化测定,烧成品具有直观上不觉察的吸水性和透气性。所以定义名叫紫砂,正取其砂无土气的原因。

各种不同矿土烧成后的色泽多种,妍青素净,故有紫而不姹,红而不嫣,黄而不娇,绿而不嫩,黑而不墨,灰而不暗的高雅色调。

壶类造型丰富多彩,千姿百态,技艺精湛,可以说是集器皿造型之大成。各种不同式样,能反映出不同的人格化个性,形象地说:圆肥胖敦、柔和丰满、健壮刚强、纤娇秀丽、英俊潇洒、拙衲含蓄、倜傥风流、清癯闲静、仪态纷呈、雅俗共赏地向爱好者抒发着浓郁的情感,使人们欣赏着高尚的艺术情趣。

紫砂壶的功能

壶是泡茶的器皿,内容与形式相辅相成。内容是功能,要适用;形式是实体,要完美。况且形式和内容两者是矛盾的统一,形式仅体现着视觉上的美媸,功能则既要讲究实用,还要求把持触感上的舒服。所以一件完好的壶,两者必须兼备。实用还包括容量的大小,宜于泡红茶或是绿茶,澈泡使用是否方便,流倾又须通畅,这些都是属于功能的范畴。

紫砂壶的工艺

紫砂壶依仗泥料的优越性能,在整个陶瓷工业的成型技法中,有它与众不同的成型技艺。古人说:不以规矩,不成方圆。这句话是至理名言,在紫砂工艺史上也不例外。经过几百年来历代艺人们的技术、实践和改进,形成一系列独有的、合理的制作技法。习艺者必须经过严格的基础技术训练,走捷径是不能成为大器的,紫砂技艺既保留着优良的技术传统,逐渐锤炼演进,出现各个不同时期的技艺风格和流派,总的可概括成三大类型,即几何体形、图案形体、象真塑捏。方非一式,圆不同相,高矮平直,发挥着简练或繁细的不同类型的制作手段,各擅胜场。具体地散发着器皿的生活气息和时代气息的艺术感染力,不断涌现出众多高超的现代制壶名手,俾使紫砂壶艺屹立于陶瓷艺术之林,光彩夺目,百世流芳。

——摘自《壶锦》

第三节 《壶艺说》

宜兴紫砂陶是中华民族文化艺术中的一枝奇葩。在中国陶瓷历史的长河中，根据对古窑址的发掘，可追溯到北宋中叶，距今约有一千年的历史。她以一门独特的陶艺风格蜚声中外。

紫砂陶艺随着人类文化生活与物质文明的演进而发展，日臻成熟。在漫长的岁月中，宋代紫砂陶艺尚在萌芽阶段，一般产品较为粗犷。到了明代中期以后，名家辈出，代不乏人。如明代最著名的有供春、时大彬、李仲芳、徐友泉、陈仲美、陈用乡等。到了清代，又有陈鸣远、圣思、殷尚、邵旭茂、陈曼生、杨彭年、邵大亨、邵友兰等名手。清光绪至民初的黄玉麟、程寿珍、俞国良等诸多名家，他们制作的茗壶，在今日已经成为稀世之珍，为收藏家所宝藏。

紫砂陶之所以驰名中外，成为享有盛誉的艺术珍品，其重要因素之一，就因为制作紫砂陶的泥原料是宜兴得天独厚的矿产宝藏。历史上诸多史籍中，对紫砂泥的称颂极高："人间珠玉安足取，何如阳羡溪头一丸土"；"茗注莫妙于砂壶之精者，又莫过于阳羡，是人而知之矣"；"名乎所作，一壶重不数两，价重每一二十金，能使土与黄金争价，世日趋华，抑足感矣！"这些推崇，阐明了真正宜兴紫砂泥的定义，是茶道上理想的茶具，也早就在人们茶事实践中所总结肯定的。

经过历代艺人的不断创造，紫砂陶器有极其丰富的造型，她充实了紫砂艺术的宝库，可以说是集器皿造型之大成。"方非一式，圆不同相"，是人们对砂壶器形的赞美。历史也随着茶事溶入人类生活所必需，紫砂陶艺就成为人们陶冶性灵，提高文化艺术素养的良师益友，启迪着人们的高雅艺术情操。

艺人们以独特的成型技法，塑造出各种几何形体、自然形体及图案形体。凝重的朴致大方、轮廓周正；纤巧的线条清晰，比例恰当；象形的源于生活，高于生活，千变万化，妙不可思。

一件佳美作品的内涵，必须具备三个主要因素：美好的形象结构，精湛的制作技巧和优良的实用功能。如果说壶身宛如人的身体，那么嘴、鋬、盖、把、纽、脚则如人的五官、四肢。应与整体比例协调。首要的是："嘴鋬舒屈自然，若生成者；盖犹如人之冠，口盖直而紧，虽倾侧无落帽之忧；眼外小而内锥，故无窒塞不通之弊。""克盖"与壶身必需和谐，而具有自然活泼的节奏感；"截盖"意即截壶身上部的一段, 盖与壶身合则为一整体, 不致参差不齐; "嵌盖" 则嵌纳于壶身, 以严密、合缝、通转而隙不容发为上。这些都反映出高度技巧上的细部刻画。所谓精湛的技艺是评判壶艺优劣的准则。

紫砂壶之不同于其它艺术品, 不仅在观赏的审美。由于壶必需被拿来使用, 要在握拿时舒适, 壶嘴出水通畅。容量规格并适合地域、民族饮茶方式的习惯, 以致高矮形制。按茶理而论壶, 形高者则壶口, 盖必稍敛, 宜于瀹泡红茶, 因红茶是在焙制中通过发酵的。故而高壶瀹泡更觉香浓蕴藉; 矮形壶, 口、盖稍敞, 适宜于瀹泡绿茶, 绿茶在焙制时未经发酵, 瀹泡时不宜深闷, 故扁形壶瀹泡绿茶, 倾出时澄碧新鲜, 更显出色、香、味的佳趣。

砂器的装饰艺术, 分制做时一竿到底即自体装饰。以深条、块面、浅浮雕图案等方法来装饰。或以自然界的形象, 如梅、竹、松、藤、树桩的态势, 以捏塑、堆琢的方法来装饰。最普遍的是雕刻装饰。传器上可见从明清两代就开创了刻字、题铭、署款的风尚。经乾嘉年间如郑板桥、陈曼生等文人墨客与砂艺联璧, 用文人书画以雕刻方式与精湛的壶艺相结合, 从而迈进高雅的艺术格调, 蜕脱了工匠式装饰的流俗习气。讲究书法、绘画、篆刻等艺术素养, 故有 "壶随字贵, 字依壶传" 之说。另外尚有镶嵌装饰, 它借鉴于金银错的工艺手法, 先在砂壶坯体上刻画好细致的图案纹样, 经烧成后再嵌入金银丝, 显示出富丽堂皇的效果。彩釉装饰, 一般以砂胎色釉装饰, 亦所谓炉钧。更有用瓷器的粉彩手法用于砂壶, 画面以人物、山水、花鸟居多, 流光溢彩, 使砂器锦上添花。再如泥绘、堆塑装饰, 一般是以堆塑与泥绘相结合的手段来装饰砂器。作者必需具有书法、绘画、贴塑等高超的艺术造诣, 始臻艺术之上乘。

紫砂壶的署款, 素来就非常讲究。历史上的各家名手用签名、署款或撰制铭文等形式, 镌刻在壶身或底部, 大致都书体娟秀, 刀法遒劲。在明清两代金石篆刻艺术昌盛影响下, 更有在作品上题铭署款的同时加盖印章。它不同于一般产品的自属图章戳记式的格局。因壶艺的韵致格调和书法绘画艺术同侪, 所用印鉴, 往往出自一代名金石篆刻家之手。一如清光绪间的黄玉麟所用的印章, 就出自名士人吴大澂之手镌所赠。兼之也有名艺人亲自擅长治印的, 故对爱好和有研究的诸同仁, 在鉴赏上增添着良好的助证。

纵谈壶艺琐语, 仅是简约的梗概。最终还必需与精湛制作求得完美的统一, 使壶艺技术的创新和发展蒸蒸日上。

——摘自《砂壶集》

第四节 《壶艺的形神气》

砂壶造型千姿百态，可谓汇集器皿造型艺术的宝库，其间蕴藏着丰富多彩的完美器形，汇集着历代艺人的创作智慧，经数百年来的反复提炼、修改，日臻完善，沿传至今，虽古犹新。……掇球壶、仿鼓壶、汉扁壶、线云壶、菱花壶、合菊壶、风卷葵壶、鱼化龙壶……各呈仪态，蕴蓄着紫砂壶艺独特的风格和内涵的精华。通过历时半个多世纪的探索和不断总结，我认为壶艺创新要注意三个要素：

其一是形，即壶的形象，也就是形状式样。这来源于对造型的熟习程度，取决于自己的精心设计。要明确地安排制作壶的大的"面"，即壶身；要鲜明地强调壶体每个部分，嘴、鋬、口、底、足、盖、壶纽所支配的方向。由点、线到面，交待清楚线条的来龙去脉，缓冲过渡、明暗转折、虚实对比。这样才能深入空间而获得形的深度。把点、线、面处理好以后，一切也就找到了，作品之形，已经具有了生命。

其二是神，即壶的神韵，也就是通过形象表达散发出的情趣。创作的时候，万不可仅在平面上探求，而要在起伏上思考。一切生命都是从一个中心迸生出，然后由内到外、滋长发芽、灿然开花。要设想形象（壶）正迎着你，向你凸出、向你诉说、向你表达。这种形象具有一种强烈的内在冲动，这样的艺作就具有了生命、就有了神。

其三是气，即壶的气质，也就是形象内涵的实质性的美的素质。紫砂壶艺是实用工艺美术产品之一，是具有艺术气质的实用品和装饰品，要求产品的气质要美。因为壶艺产品是为生活服务的，这就要求做到美与实用相结合。装饰生活，适用于生活，既方便实用，又能陶冶性情，从使用中获得美的感受。这就是气质上的美，是健康的美，而不是病态的美。艺术的本身就是感情。如果没有轮廓、线条、体积、比例学问，没有基本功扎实而又灵敏的手，最强烈的感情也是瘫痪的。完美的作品其本身就具有充沛丰富的感情在抒发、在感染着人。在我们看来，线条和块面不是别的，是内在真实的标志。我们目光透过表面一直潜入内心，当我们表现形象时，便会用内涵的精神——气质来丰富形象的本身。

壶艺的创新如能做到形、神、气三者融会贯通，方可称为佳作。

第五节 《宜兴紫砂壶艺概要》

"紫砂名家琐谈"

早期紫砂壶的制作技艺，从宋代延续至明正德、嘉靖、万历年间（约12世纪至17世纪），随着当时品茶、论茶之风盛行，砂艺风格有极大变化，从煮茶大壶转化成为几案文玩式的小壶了。这与当时社会上文人雅士在茶事上所讲求的撮泡茶法，从实用功能的需要出发，使技艺上有很大的改革和发展，这也促进了紫砂技艺的空前繁荣。

金沙寺僧、供春以及董翰、赵梁、元畅、时鹏多人的制壶方法，仅见于文献，无实物可据，今且不论。现就嘉靖至万历年间的"三大家"（时大彬、李仲芳、徐友泉）而论，尤其是时大彬真不愧为紫砂工艺史上赫赫有名的巨匠。他的制壶技法一改早期斫木为模的制法，完全改用槌片、围圈、打身筒的成型法和泥片镶接成型法，这不能不说是紫砂技艺上的飞跃。这个时期，既是砂艺的繁荣时期，也是技艺上的成熟阶段。时大彬在紫砂技艺上是有杰出成就的，同时也是他父亲时鹏等四名家和他的同辈李茂林，以及时鹏的徒弟李仲芳、徐友泉、欧正春、邵文金、邵文银、蒋伯荂、陈用卿、闵鲁生、陈光甫、陈仲美、沈君用等人的集体劳动和智慧的结晶。数十年中崛起的这样一支砂艺名人队伍，各擅所长、争奇斗艳，反映着诸家风格特色，汇成了丰富多姿的砂艺所特有的地方风格和卓越的民族形式，从而驰誉遐迩。

明代天启、崇祯以至清代时期，砂艺名手有项圣思、惠孟臣、陈子畦、陈和云等。南京博物院收藏项圣《思桃杯》，其制作技巧精细、形象之完美、结构之纤密，在古今陶瓷工艺技巧中，叹为观止，可说是砂器瑰宝。其中惠孟臣专制小壶，精薄轻巧，是另一种绝技，也曾名噪一时。

清代初期名家，当推康熙晚期和雍正年间的陈鸣远为佼佼者，其余有葭轩、郑宁侯以至王南林、邵玉亭、邵旭茂、陈荫千等。至此，砂艺风格又有了很大转变。从各家传器观察，在明代形式下的简朴雅致已渐趋纤靡繁缛，其中最突出的代表是陈鸣远和邵玉亭。往往在一件作品的装饰纹样、所用手法能纤细如毫发。陈鸣远的作品，更多的是蔬果、树桩形象化的文玩。其他如许龙文，专长花样图案造型，如菱花、菊花、葵花等几何形图案，其线条的处理、技法上的清脆利索，自成流派。

嘉庆、道光年间，制壶名手有杨彭年、邵二泉、邵友兰、潘虔荣等。纵观这一时期的传器，当首推陈曼生和杨彭年二人合作的砂壶最负盛名，世称"曼生壶"：彭年制壶，曼生书刻。陈擅长金石书画，为一代名士，所以他俩合作就成为"壶随字贵，字依壶传"，确非虚语。但就壶艺而论，友兰、虔荣的技艺，当位列彭年之右，惟彭年与曼生之优相契遇、相得益彰。

道光、咸丰年间，有一位非常杰出的砂艺名手邵大亨。他虽不见记述，而在当时当地却赫赫有名。他殁于太平天国时期，流传作品较多，经我数十年的揣摩，觉得他的各式传器，堪称集砂艺之大成，刷一代纤巧靡繁之风。从他选泥精炼，造型上审美之奥邃，创作形式上的完美，技艺的高超，博得一时传颂，盛誉之高，大有"前不见古人，后不见来者"之概。

光绪年间的制壶能手，首屈一指的要数黄玉麟。他善制掇球、鱼化龙、供春诸式。县志记载，称其作品"莹洁圆湛，精巧而不失古意"。其他还有邵友廷、邵赦大、陈绶馥、邵湘甫、邵云甫、蒋万丰等。20世纪初的辛亥革命时期，较好的名家有程寿珍、陈光明、俞国良、范大生等。

近代名手有裴石民、朱可心、王寅春、吴云根、冯桂林、储铭、汪宝根、丁宝珍、蒋蓉、顾景舟辈和陶刻艺人陈少亭、任淦庭等。1955年以后，通过带徒传艺，专校培训，成长了徐秀棠、高海庚、徐汉棠、汪寅仙、沈蘧华、李碧芳、周桂珍、谢曼伦、吕尧臣、许承权等一代新秀。

第六节 《简谈紫砂陶艺鉴赏》

"紫砂壶的假冒"

近年来随着对砂艺热潮的兴起，传统的茶文化与陶文化的推广，使热爱紫砂艺术的人士日益众多，较高档次的佳作生产，究属数量有限，远不能满足各界人士玩赏上的需求，尤其高雅名作，更是稀少。因此社会上出现极少数缺乏艺术道德的工匠，串通一些不讲商业道德的狡商市侩，不择手段地乘机猎取暴利，假冒名家印鉴，各种等级的劣质赝品充斥市场，蒙蔽众多热忱的砂艺爱好者的眼睛，所以有必要讨论一下辨伪问题。识别砂壶的真假，如鉴定书画，首先提高理性认识，即培养自己的美学素养，以资提高审美观感。其次是多方交流，相互观赏某些名家的杰作,提高感性。探讨和了解某些名作家的风格形制、技巧手法、艺术擅长、使用原料泥色的习惯性、印章的规格特征,把握关键性的依据。逐渐积累经验,就不难识别真假了。在任何一种艺术行当中,一个有所成就的佼佼者,都一定会有他的独到一面的过硬功夫,表现在艺术和技巧的两个方面。这些内在的要领,就是所谓个人的风格和韵致,也就是所谓灵感。作伪者是绝对不易得其要领的。倘若说一个存心作伪的人,如果能够有超越的领悟,那么他自身已是个了不起的大家了,又何必要假冒别人而湮没自己呢?所以我敢大胆地说,真的生来就是真的,假的永远也真不了。做假货者,是没有出息的,也是可耻的。

至于砂艺历史上的仿古做伪问题,(19世纪中叶以后至20世纪初期)也曾出现过摹仿古代名家作品的热潮,有以名人传器摹仿复制的,有凭古玩商人根据艺史籍记载的品名,通过意匠的臆测构思设计制作,签署历代各名家的名款或仿印鉴加戳的诸如此类的作品,在笔者从业数十年来的观感研究所得,总结如下数点:其一,凡是意仿明代作家类型的壶,无论在技艺上、泥色上都是远远超过历史原作,因为社会是不断地向前发展的,事物是不断进步的,科学技术更是长足地提高着,所以将摹仿品与明代传器相比较,都显示出后代摹仿品的优越水平。至于清初延至中期的几位杰出的大家,如陈鸣远、项圣思、邵大亨的旷代佳作,尽管复制技巧有多么精工,总觉得在神韵上有所不逮。不免宥于玉与燕石的差别。但是这类作品流传至今日,一旦遇为好事者所获得,当然还是很有赏玩珍藏的价值的。它应当区别于现代的假冒伪造的赝品,亦更异于近年出现的借图谱伪造再仿的技低质劣产品的假中之假。用以自欺欺人,好事者诚然不可不千虑慎辨,以免受骗上当。

第七节　《壶艺的继承与创新》

“紫砂壶的传承和创新”

在传统的紫砂壶艺造型宝库中,蕴藏着丰富多彩各类完美的器形,汇集着历代艺人的创作智慧。经过数百年来人类社会在文化艺术上的演进,很多器形,不断反复提炼修改,日臻完善,虽古犹新。光素类型的掇球壶、仿鼓壶、汉扁壶、线云壶等,筋纹类型的菱花、合菊、风卷葵、鱼化龙等式,都各有仪态,纵使与时俱进,也是茶事上的优美佳器。如许多优良壶类造型,孕蓄着紫砂壶艺独特的风格和内涵的精华,供我们去汲取素养,使我们在审美器形构造中,由点、线、面组成的主体与附体嘴、鋬、口、底、足、盖、壶纽等配置关系比例恰当,以及结构上的缓冲过渡,明暗面的技法处理,空间和实体所形成的虚实对比,都是值得悉心研究的原理。我们应该认真学习优良传统,取其精华,以充实自己的设计构思,始能创作出更新的作品。

探索壶艺之创新,既要有取舍地保持传统基础上的优良特色,又要能吸收其他姐妹艺术中可以借鉴的东西。如古代的青铜、玉器、石刻、砖雕、现代工艺美术和建筑艺术,都能有生息相通之处,用立体构成的方法和人体功学的要求来研究紫砂的造型,同样能找到开拓壶艺的新途径。但是,要使紫砂壶的造型真正具有艺术生命,应该切切实实地从形象、神态、气质这三方面去探索追求,让造型本身的艺术语言来抒发自己的情感。

第八节 《宜兴紫砂工艺陶》

"砂泥特质与壶艺造型"

紫砂泥是红泥(朱砂泥)、紫泥、团山泥(本山绿泥呈米黄色)的总称。这三种基泥由于矿区、矿层分布不同,烧成时温度稍有交叉变化,则色泽变化多端,耐人寻味,妙不可言。其中以朱、紫、米黄三色则为紫砂器的本色,而朱有浓淡,紫又有深浅,黄富有变化,如果辨色命名,可称:铁青、天青、栗色、猪肝、黯肝、紫铜、海棠红、朱砂紫、水碧、沉香、葵黄、冷金黄、梨皮、香灰、青灰、墨绿、桐绿、鼎黑、棕黑、榴皮、漆黑诸色。如细细观察各种泥色里又有白砂星星,如银砂闪点,日光映射,宛如珠翡。或在泥中和以粗泥砂或钢砂则谷绉(好的绸缎)周身,珠粒隐现,更是夺目。砂泥制成的宜兴紫砂壶成为大家公认的最为理想的注茶器。历代嗜茶者通过实践作了较完美的解答:

其一,"宜兴茗壶,以粗砂制之,正取砂无土气耳"。"茶壶以砂壶为上,盖既不夺香又无熟汤气,故用以泡茶不失原味,色、香、味皆蕴","聚香含淑","香不涣散",茶味越发醇郁芳馨。

其二,紫砂壶"注茶越寄宿暑月不馊"确为事实。虽按茶道而论,应该"旋沦旋啜"(随时泡茶,随即喝)。"宜倾竭即涤去停渣"(吃完茶即倒出茶渣)。但存茶于壶过夜,或久留也是常事,暑天隔夜不馊,不起腻苔,当然有利于洗涤及卫生,所以紫砂茶壶泡茶前的洗涤比较方便。清代吴骞说："壶宿杂气，满贮沸汤，倾，即没冷水中，亦急出冷水泻之，元气复矣。"这段意思是说："壶搁置久了，里面宿有杂味，灌满沸水倒掉，再放入冷水中把冷水倒掉，泡茶味道又恢复原味了。"这确是通过实践经验总结出来的行之有效的洗壶方法。

其三，砂质茶壶能吸收茶汁，内壁不刷而绝无异味，运用经久能增积"茶锈"，空壶以沸水注入也有茶香。

其四，紫砂器使用越久，器身色泽越发光润，玉色晶光，气韵温雅。《阳羡茗壶系》说得非常切合："壶经久用，涤拭日加，自发黯然之光，入手可鉴。"其正具有"久且色泽生光明"的特点。

其五，冷热急变性好，寒天腊月，沸水注入，绝对不会因温度急变而胀裂。

其六，砂质传热缓慢，使用提携不易炙手。

其七，性耐烹烧，可放在温火上炖烧，如用以烹蒸无需担心开裂。

紫砂传统造型来源可归纳为：

1. 仿三代，周、春秋战国、秦古铜器造型、彝、鼎、尊、爵。

2. 仿古代陶器造型：彩陶、罍（音雷）、瓿、杯、瓯以及秦汉晋的瓦当、汉砖纹样。

3. 仿古代器物造型：秦权、玉器、钟、鼓等。

4. 仿瓜果、花木形象或加工变形塑造，用浮雕、半浮雕的手法装饰运用，如：莲、荷、桃、柿、葡萄、松、竹、梅等。

5. 仿实用器物借形改装，如：笠、柱础、筐、升、斗。

6. 各种几何图案形，如：菱花、葵式、多角多面各形。

当然紫砂产品的造型绝不能被上述罗列至尽，尤其是近几年来，青、老艺人思想界大为提高，思路更为宽广，不受传统造型的限制，使造型变化更有新的发展与创造。

第九节　《论陈曼生》

陈曼生是一位在书画金石文学上有相当影响力的人物，他的爱好并涉猎砂艺，与杨彭年合作当是顺理成章的事。笔者一生中偶见他的三五真器，印章、书法、词藻镌刻款式均书卷气息醇厚，别饶一番文艺情趣。但彭年的壶艺技巧，功力平凡，并不出色。所以，笔者过去在一篇小文中，曾说曼生壶"壶随字贵，字依壶传"。至于传说中所谓曼生曾参与造型设计，这当然很有可能，然而，若说什么18式、19式，那就实属无稽之谈了。很多以讹传讹的谬论，大致起源于民初狡黠的古董商所编写的一部《骨董琐记》。那是专借历史文献中的一些记述，捕风捉影，绘声绘色，为各种传统工艺品的摹制赝品而作舆论工具的。更有甚者，在曼生壶的传器中，有"曼生督造茗壶第四千六百十四为犀泉清玩"。像这样的作品，使探讨史实的人，不能不产生疑窦。曼生做溧阳县官，按清官制，县令一任三年，封建社会的地方官能如此闲适吗？在三年县任内，即使专司其事以余之暇死劲干，也要合到四五天一件。若请人代庖，也必须雇至少两三个专职人员方能完成偌大数量，能使人信服吗？陈曼生在清代文学艺术方面都有相当的地位，不可能粗制滥造。

第十节　《简谈紫砂陶艺鉴赏》

众所周知，宜兴紫砂具有它的独特性，如泥原料的独有蕴藏占尽地利。成型技法以泥片镶接及拍打身筒为主要的成型方法，区别于其他陶瓷行业的各种成型法则。并联系到装饰上的文化层次等等，这些都应该是宜兴紫砂工艺所已具备的审美因素。面对一件具体的作品如何来加以鉴赏呢？譬如茶壶这个砂艺最著名的品种形式，从传统的造型来分析，在每件器形的结构中，根据造型艺术的理论和法则，多是上点、线、面组成的主体与附件如壶的嘴、鋬、口、底、足盖、壶纽等等的配置关系，各个方面的比例恰当与否，外轮廓线结构上的缓冲过渡，明暗面的技法（即制做手法）处理，空间与实体所形成的虚实对比等等。这些都可以作无穷的推敲，使对象（器皿或壶）蕴含着丰富的美感。

当然，作为一件实用工艺美品，它的适用性也是非常重要的，使用上的舒适感可以愉悦身心，引起和谐的兴致。因此，也就要依据饮茶的习惯、风俗有选择地考虑壶体的容量，壶嘴的出水流畅，壶把的端拿省力舒适等等。这些都是必须作为具体范围的内容来考虑的。

历史地看紫砂的工艺技术鉴赏，一向是区分着三个层次。一是高雅的陶艺层次。它必须是合理有趣、形神兼备、制技精湛、引人入胜、雅俗共赏，使人爱不释手的佳器，方能算得上乘。二是指工技精致、形式完整、批量复制、面向市场的高档次商品。三是普通产品，即按地方风俗生活习惯，规格大小不一、形式多样、制技一般、广泛流行于民间的日用品。

这里着重讨论的是艺术品。在一件器物的内容和形式上，它包含着多方面因素的内在联系，形式的完美与制技的精湛，固然是第一要素，其次是在完整器形上加以装饰，使作品锦上添花地丰富观感。这里要审视纹样的适合，装饰的取材（根据题材和内容取用何种材料）以及制作的手段。这些都是具体而细微地维系于创作者的素养水平与鉴赏者的着眼力。

譬如说砂艺的传统装饰"陶刻"，首先思考反映铭题的内容，必须是体现出合情合理的文学词藻、书法和绘画的美妙以及格调的高超，镌刻刀法金石韵味的精到，能使人对器物的欣赏玩味无穷。

诸如模仿自然界形象性的雕塑制品，兼及装饰在几何形体上的浮雕、贴雕、图案的刻印版，以及釉料彩绘、其他材质的镶嵌、抽象的陶艺构思、任何艺术形式，都应该是源于生活、高于生活。这样居高临下地来看待品评砂艺和鉴赏砂艺，使作者与热衷砂艺的爱好者，相互感触以资领悟制壶艺术的真谛。

附: 顾景舟论文存目

《宜兴紫砂工艺陶》（与徐秀棠合著，见《紫砂春秋》）

《壶艺说》（载于1984年《砂壶集》）

《壶艺的形神气》（写于1988年10月，见《紫砂春秋》）

《宜兴紫砂壶艺概要》（载于《宜兴文史资料》第一辑）

《简谈宜兴紫砂陶艺鉴赏》（写于1990年11月，见《紫砂春秋》）

《壶艺的继承与创新》（与高海庚合著，见《紫砂春秋》）

《宜兴紫砂陶浅谈》（载于1977年《江苏陶艺》杂志）

《紫砂陶生产工艺》（载于1987年《江苏陶艺》杂志）

《紫砂陶史概论》（载于1991年《宜兴紫砂珍赏》）

中国工艺美术大师顾景舟

第 四 章

艺术评价

143

古平（新华社高级记者）：

顾景舟，几十年不断地求师于文学家、书画家、金石家等，这使他在艺术格调和创作风格上不断有新的突破。他一改清初以来纤细、繁琐、堆砌的浮华之气，在继承传统的基础上形成了自己独有的风格。

他的紫砂壶很少装饰，完全靠造型美、线条美、色调美给人以艺术的感染。行家认为这种素面光身的壶最难制作，因为它纤毫毕现，既无假借，也无躲藏，没有过硬的内功是不敢为之的。顾老说："装饰是锦上添花，不能靠它来提高艺术效果。器形本身应该是美的，就和一个人一样，形体不美、气质不美，光有漂亮的外衣是缺乏真正魅力的。"

每制一把壶，从构思到成型，顾景舟都要全身心投入。虔诚之态，就只差焚香沐浴了。别人以为已经十分完美，而他还要百般挑剔、精益求精，只要有一点点不满意的地方，他的印章是不会轻易盖上去的。

——他的作品世称"顾壶"。收藏家以能得到他的作品为殊荣。一件盖有他的图章的紫砂壶，虽价逾万金，在国际市场上仍是人们争购的宝物。今年，厂里售出4把"顾壶"，所得金额相当于顾景舟30年工资的总和。难怪有人将顾景舟喻为"点土成金"的人。

《紫砂艺术大师顾景舟》

亚明（国画家）：

国画家亚明在壶底写下的这段话对顾景舟的紫砂工艺文化作了非常恰当的评价：壶先秦有之，紫砂始于明正德，至今已近五百年，高手不过十余人。顾兄景舟当为近代大师。顾壶可见华夏之哲学精神、文学气息、绘画神韵。己巳年白露于丁山。亚明记

《井栏壶》壶底文字

钟蕴晴（香港学者）：

每年制作三五把壶，顾景舟不在话下，为参加第三届宜兴国际陶艺节（1992年），顾景舟赶制了两件作品，其一是《提璧壶》。顾老说，只要到陶艺节上去看一看，顾景舟不能做壶的传言即可不攻自破。这届陶艺节还首次举办紫砂文化国际研讨会，顾景舟到会上与港澳台及中国大陆各地紫砂专家欢聚，会老朋友，交新朋友。

顾景舟将自己与紫砂为伴的生涯总结为少年仿、中年创、晚年变三曲。他说，书法亦是如此，只有早年下苦功临碑临帖，才有中年吸收百家之长，形成个人风格，才会有晚年炉火纯青的成熟时期。

顾景舟对于自己晚年作品不愿多作评论，他觉得应留待外人、后人去鉴别，他给自己的评语仅是一定素养，达到一定水平。虚怀若谷，更显大师风范。

《陶艺大师顾景舟紫砂三步曲》

刘培金（中国工艺品进出口集团公司前总裁）：

顾老一生坚定不移地修养以正气为根本元素的良好道德观念；以纯净而显明的人性、道理性爱气爱节；以随缘顺势创业功为基本思维模式，坚持执正气以御万变，居简要以应繁乱，守诚信以交良友，重公而轻私、真诚而无伪、务实而不华的优秀品格，极力升华紫砂技艺，培育紫砂艺术人生，发展紫砂事业，为后人留下了极为宝贵的根本启示。

顾老以他一生专志敬业苦钻研，正心创作化应得的高尚品格，坚持修养优良艺德为根基，潜研艺理，苦练艺功，坚定艺志，孕化出诸多大气极为强劲的，形态、神韵、气度俱佳的紫砂壶艺品；同时，又特别重视培植良好艺风，广受各方信任和赞誉，以正气激荡和谐圆满，使作品转化出了最好的艺德，为紫砂艺术升华创造了良好的内外条件和经济基础。他以正确做人为根本，以升华紫砂壶艺为主线，以勤奋不懈师法自然为源泉，运用丰富的生活经验、高尚的友谊、精湛的技艺等，使材、型、质和谐相一，点、线、面有机结合，孕化"精、气、神"充沛而生机勃发的壶艺作品，为历史留下了诸多具体的紫砂艺术形态和优秀人才静心、清神、养性的最佳载体。以大气激荡、正气感人、灵光四射的艺术魅力，造就了一代宗师的伟大品格。

《一代宗师 卓著风范》

钱剑华（江南大学教授）：

顾辅导被紫砂界和海内外砂艺爱好者誉为"一代宗师"、"壶艺泰斗"，是一位学者型的工艺大师，从艺60多年，独步艺坛，资智功力胜出同辈，而他的壶外功夫对我国传统文化的领悟和修养，更是高出常人，这在整个紫砂史上，也是罕见的。他对我国现代紫砂事业的振兴，不仅有承前启后的贡献，而且起到了推动引导的作用。他自幼敏慧过人，记忆超群，早年在蜀山东坡书院从吕梅笙先生课读，这给他后来博览群书打下了扎实的文学基础。毕生勤奋好学,每天晚上,不是看书,就是练字。他说写字是为了消遣,结果他的书法,也成为许多人竞相争藏的珍品。他与国内第一流书画家吴湖帆、江寒汀、来楚生、唐云、傅抱石、陈之佛、亚明等均深有交往,并有合作关系。他十分重视壶上款字印章的作用,认为完美的造型、精湛的工艺,结合内涵深远、实有壶艺壶趣的文字,才能相得益彰。

《学者型的工艺大师顾景舟》

盛畔松(宜兴紫砂研究学者):

顾老是当代紫砂艺术成就杰出的一代宗师,他的崇高艺术素养有口皆碑,他杰出的艺德更是高山流水,令人仰止。1989年初,我和新华日报社记者陈仁波在采访当时整顿紫砂市场的报道时,感受尤为深刻。那时,随着改革开放的深入,市场经济正经历开始时的阵痛,紫砂市场一片混乱,"拜金热"影响着紫砂业内业外,许多人抱着趁机要捞一把的心态,变着法子捞钱,有些紫砂艺人也不自重,"冒仿"、"代工"等手段层出不穷。顾老对这种现象真是痛心疾首,痛恨这些人不自尊自重、利欲熏心,使艺术脱离了道德,玷污了一个真正的紫砂艺人的灵魂!他对有的人过去以各种"高尚"名义得到他的作品,现在却将之变成"金钱",还要让买的人拿出来让他鉴定更是气愤填膺,骂这些人"把友谊商品化了,感情商品化了,甚至人格也商品化了"。

《永远的思念》

章以谦(上海科教电影制片厂导演):

顾景舟先生是20世纪最杰出的紫砂艺术大师之一。他已成为一个时代的代表,成为巨匠,成为继他所推崇的陈鸣远、邵大亨之后彪炳紫砂史册的壶艺大家。

1993年8月18日,景舟师在暑热难耐、阴雨绵连、气压低、老年慢性支气管炎频发的情况下给我来信,信的最后一段写着:"恳为我画山水中堂,现悬之镜框尺寸是151厘米×82厘米,但我还有个奢求,(若真为蓬荜增辉)我喜设色明亮一些,取景旷远一些,因敝舍正面对荆南山,门前一泓水,以取《撷秀湖山图》之意,不情之请,实厚望焉。"

我以生活跋涉过的武陵源为素材,作《撷秀湖山图》。我知是年顾老79岁高龄,画完时已是甲戌新春,正好可作他八十华诞的贺礼,款题"景舟大师八十华诞大庆,作此武陵源胜景致贺"。景舟师是性情中人,果将拙作悬挂中堂,配以陈曼生楹联,令我感动不已。先生一生交结了诸多书画大家,尤其在"十年浩劫"中,与来楚生先生成生死之交。他竟然如此看重我这个晚辈的拙作,是我始料不及的。虽然我不能相待于顾景舟左右执弟子礼,但这幅拙作,却朝夕相伴他走完人生的历程。 《情缘的纪念》

周圣希(加拿大学者):

与顾老相交近20年,有很多更好值得回忆。通过顾老,我与他的门生们建立起深厚的友谊,例如徐汉棠及高海庚、周桂珍夫妇,如今汉棠已年逾古稀,技艺高超,获中国工艺美术大师称号,誉满中外,名成利就,全家从事紫砂陶艺作出贡献。此外李昌鸿、沈蘧华夫妇,上海的紫砂陶艺鉴赏家及评论家戴相明先生等等,当然还有几个紫砂一厂里的名师高手们都有一定情谊。

我原来不嗜饮茶,口渴时一杯开水解决问题。与顾老首次见面他即表示一定要使我成为"茶客",并主动介绍我与茶叶专家张公(志澄)相识,而后我不仅成为茶客,彼此也成为莫逆。

1983年春顾老带夫人来沪,为夫人到上海肿瘤医院治疗鼻咽瘤疾,一系列的治疗非短期能够解决,他们的住宿大成问题。我们既已深交,就应在此关键时刻帮个有实际意义的忙。

当他住在淮海中学菌场期间,我怕他寂寞,准备了一些工具,好让他制作,当然也为我创造了学习的条件。其间,顾老在我的鼓动下决定设计一把紫砂壶,呈提梁款式,后来取名:"鹧鸪"壶。他还镌刻:"癸亥春,为治老妻瘤疾就医沪上,寄寓淮海中学,百无聊中抟作数壶,以纪命途坎坷也。景洲记,时年六十有九。"

《我和顾景舟大师》

冯其庸(著名学者、中国人民大学国学院院长):

当代的紫砂大师顾景舟先生,我与他论交已40余年。他的艺术,实在已是紫砂的至高境界。论历史,大彬、曼生等功不可没,论工艺,则今天已是后来居上,顾老先生早已度越前辈了,我曾有诗赠顾老云:

"百代壶公第一流,荆溪夜月忆当头。

何时乞得曼生笔,细雨春寒上小舟。

弹指论交四十年, 紫泥一握玉生烟。

几会夜雨烹春茗, 话到沧桑欲曙天。"

《赠阳羡壶公顾景舟》

汪寅仙(中国工艺美术大师、中国非物质文化遗产传承人):

顾老的作品性格特征是比较突出的, 他的作品与他做人的尊严有关, 影响着他作品人性化的追求。他的作品以几何形的光素货为主, 简练而俊秀、大方而高雅、端庄而灵气。他把几何形的简练发展到一定的高度, 他对各种线条的运用既充分又适度, 特别是他对几个比较优秀的传统造型, 如合欢壶、石瓢壶、井栏壶、仿古壶等等作品, 在传统的基础上又进一步完善, 线面接合处理得更加严谨、更加完美。这是他的艺术素养的体现, 同时又反映他对作品精益求精的精神。

顾老的简练的几何壶形为什么能耐人寻味? 一个小小的茶壶为什么能扣人心弦? 这些都是我们现代陶人值得研究和分析的。过去顾老也常对我讲, 一件作品能做得起不算本事, 要拿住才算本事。这一点, 他身教重于言教, 他的确做到了, 这让人佩服。看他的作品既是享受, 也是学习及启示。我的体会, 他的作品如人品, 作品的形象就像一个标准身材的人, 或高或矮、或胖、或瘦、长得匀称而有神, 壶的嘴把、盖点等附件, 好比人的臂膀和头面, 舒展自若, 每一样附件的粗细、曲直与整体协调称势得体, 这是他作品的严谨所在。同时他充分运用多种线条的变化曲直有度, 大小弧线合理组合, 正反弧线巧妙设置, 过渡衔接, 使线条形体变化中形成节奏, 产生韵律美, 使简练的造型具有丰富的艺术语言。这是他的美学思想体现在作品实物上的效果。他的提炼使传统造型更加完美, 不仅受到现代人喜爱, 待将来也一定受人珍爱。完美的艺术将是永恒的。

顾老的作品能成为高雅的艺术品: 一是天资聪明; 二是他具有较高的学识修养和艺术灵性; 三是他对艺术的执著追求。他不仅自己严格, 对学生的要求同样严格, 受过他教育的人一定有深刻体会。顾老是紫砂工艺厂德高望重的技术权威, 他是紫砂一代宗师、壶艺泰斗, 他的业绩和无私奉献精神, 光照后人。

《忆景舟大师 扬紫砂艺术》

徐秀棠（中国工艺美术大师、江苏省文史馆馆员）：

"紫砂泰斗"的定名来自于"壶艺泰斗、一代宗师"，回顾追寻一下来源与形成过程，这一尊称并非他本人自封，更非预谋策划刻意造就，而是20世纪80年代先由香港、台湾收藏界表述后逐渐受到公认，直至顾景舟逝世后，盖棺定论之时才瓜熟蒂落，功成名就的他自然地被业内人士推崇为"壶艺泰斗、一代宗师"。可以肯定，顾老本人生前并未有得此尊称的奢望。

我查阅了一下辞源，"泰斗"为泰山北斗的简称，古代认为泰山在五岳中最高，北斗在众星中最明，因此常用以比喻众所崇仰的人。就紫砂行业而论，以顾景舟的文化修养、艺术学识、手工技艺、道德品质、民间威信，传、帮、教、带，应该说他受之无愧。

紫砂是地道的传统艺术，它的手工艺术特点与传承脉络，应该相同于京剧、中国画、曲艺……薪传特别看重"门派"、"流派"，因此研究"顾氏门派"、"顾氏流派"也在所必然。在系列活动中我们原先的策划是在无锡太湖博览会期间举办"顾景舟徒子徒孙紫砂作品展览"，并有意邀请受其影响的流派名家参加（后因故改了展览会名称）。

因为顾景舟在特定的历史条件下，发挥了特定的作用，他在老新交接过程中不光是时间长，而且是作用效果大，他教授的不光是在他门下的弟子，而事实上广及整个从事紫砂工艺、紫砂事业的众多干部、工人、技艺人员，很多人得到过他的教益。整个一代紫砂作品、产品的质量水平，也多得益于他的心血倾注，为此"一代宗师"授予顾老应该是非常贴切的。

《"泰斗"、"宗师"之我识》

第　五　章

大师年表

1915年10月18日,农历9月10日

顾景舟出生于紫砂故里——上袁村,宜兴市川埠乡上袁村(现为丁蜀镇紫砂村)。原名锦洲,属兔。祖母邵氏,父亲顾炳荣,母亲魏氏,且耕且陶,都在农闲时从业紫砂。顾景舟原有兄长,后哥哥去世,遂成为家中长子,兄弟三人,依次是锦洲、陆洲、锡洲。

1920年

入宜兴县第六高等小学堂(清末为东坡高等小学堂,民国时称东坡小学)学习,由锦洲改名为景洲,时吕梅笙任校长。学习课程除"四书"、"五经"外,还有英文、日文、数学、中外历史、地理、体育、音乐等。

1932年

因家境困顿,无法入中学继续深造,在跟随吕梅笙攻读古文两年后,18岁时,辍学在家的顾景舟在家从师于祖母邵氏,学习紫砂工艺,从此立志于紫砂。始用印"墨缘斋"、"墨缘斋景堂制"、"景记"、"景洲"、"武陵逸人"。

1934~1935年

父亲曾请储铭(又名腊根)至家教其学艺,但顾晚年讲述学艺经历仍以祖母为启蒙师。两年后,顾景舟在紫砂行业声名鹊起。

1936年

被聘请至上海古董商郎玉书之"郎氏艺苑"店里,专事仿古制陶,其间临摹过陈鸣远、邵大亨等人的作品,技艺突飞猛进。后因抗日战争全面爆发,于1938年回到了家乡。

1939年

顾景舟不幸患天花,死里逃生。病愈后,制壶的同时更专注于文化知识以及陶瓷工艺学等知识的学习。与邵全章、邵茂章友善。

1942年

应聘到上海标准陶瓷公司当模型技师。作品署号"自怡轩主人"。有闲章"得一日闲为我福"(仿文彭)、"足吾所好玩而老焉"(仿邓石如),有《高线三足提梁壶》、

《洋桶提梁壶》等问世。取艺名"曼晞",磨去"武陵逸人"印,自镌"曼晞陶艺"壶印。

1944年

回到家乡,生活艰难,其间制圆竹段茶具等,用印"瘦萍"、"老萍",以"萍"寓飘泊不定之意。

1946年

由周志禄、徐祖纯牵线,为农民银行座谈会做纪念品仿鼓壶,完成定单的100把外,又多做10把,共计110把。这是顾景舟一生中完成的最大宗的一次产品订单。

1948年

抗战胜利后往返于上海和宜兴之间,与戴相名、唐云友好,做石瓢壶5件,吴湖帆、江寒汀等沪上书画家为之书画。用印"荆南山樵"、"荆山壶隐"。改名景舟,自喻为艺海一舟。

1951年

由顾浩元推荐,应聘上海天原化工厂,考试合格,但体检时发现有肺结核而最终没有被录用。

1952年

回到家乡戒烟养疴,在家种花养鱼。收第一个徒弟徐汉棠。期间创作莲蓬摆件等作品。

1954年

第一个响应政府号召,参加并组建宜兴县汤渡陶业生产合作社蜀山紫砂工场,任合作社生产理事委员兼技术辅导员。创作《如意云纹三足鼎壶》等。搬家至蜀山南街。

1955年10月

蜀山陶业生产合作社设立"紫砂工艺班",招收第一批艺徒,李昌鸿、沈蘧华、高海庚、王亚杰、史济华、王洪君、高永津、鲍秀云、许璇等人师从顾景舟学艺,顾景舟为合作社7老艺人之一。始用闲章"啜墨看茶"。稍后,束凤英从师顾景舟。

1956年

紫砂工场改为宜兴紫砂工艺厂,顾景舟与带队来厂实习的中央工艺美术院(今清华大学艺术与设计学院)高庄教授结为知交,两人合作《提璧壶》。同年,顾景舟被国家授予工艺行业最高荣誉"工艺人"称号,被江苏省人民政府授予"技术辅导"称号。过继二弟顾陆洲的儿子顾燮之为子。

1958年

参与紫砂成型注浆,辘轳车的技术革新、技术革命运动,为困难时期的紫砂工艺厂寻找产品出路。在拜师活动中,收周桂珍为徒。

1959年

任紫砂技术研究室副主任、主任,负责全厂的技术辅导工作。参加了北京人民大会堂江苏厅的布置工作,设计了一批大型的餐具及高档花盆。

1960年

工艺行业低潮时期,顾景舟专事产品设计和打样,改进紫砂专用工具。60年代,遍访北京、上海、广州、苏州等地博物馆,寻觅珍品,并作鉴定。带领技术人员到其他兄弟陶瓷产区考察。

1961年~1962年

教导谈碧云、张红华、曹生大、周坤生等学生。

1963年

紫砂工艺厂成立紫砂研究室,成员有顾景舟、徐汉棠等,后高海庚调入研究室。

1964年

与徐义宝女士结婚。顾景舟虚岁五十。为完成外贸定货,向周尊严、潘持平、顾绍培、徐乐平、陈粉林、张树林等6人传授大件花盆的制作技艺,紫砂花盆型、工达到极高水准。

1965年

被造反派当作"反动权威"，被污蔑干过伪保长而靠边。

1972年

创作雪华壶、提璧茶具、上新桥壶，并做石瓢壶、中石瓢壶。收吴群祥为徒。

1975年~1976年

做传统小寿星壶。多次参加宜兴地区古窑址的发掘研究工作。1976年7月，对蠡墅羊角山宋代紫砂窑遗址进行了认真细致的考证。

1979年

香港实业家罗桂祥先生来宜兴与顾景舟商议定购工艺师作品，并提议仿制历史名作。

1978年

葛陶中、李慧芳、徐维民调至研究室顾景舟工作室，随师学艺。研究室尚有徐汉棠、沈蘧华、吴群祥。

1980年

带领汪寅仙、周桂珍等中青年技艺人员复制历代名作，如《僧帽壶》、《井栏壶》等，担任技术总监。陆续创作《矮僧帽壶》、《汉铎壶》、《圆钟壶》、《矮井栏壶》、《乳鼎壶》等。

1981年

受邀率领徐秀棠、高海庚首次赴港，参加香港第六届亚洲艺术节，为香港茶具文物馆藏品做鉴定。

1982年

被评为工艺美术师。9月，高海庚厂长带领紫砂工艺厂举办北京端门紫砂工艺厂的紫砂精品展，顾景舟担任技术总监，引发紫砂热潮。为故宫所藏700余件紫砂器做鉴定。

徐徐、高振宇调入顾景舟工作室拜师学艺。

1983年

担任紫砂研究所所长。陪妻子去上海治病,寄宿淮海中学,期间作《鹧鸪壶》、《小供春壶》数把,《鹧鸪壶》底镌刻文字以记命途之坎坷。

1984年7月18日

妻徐义宝在丁山联合医院病逝。

顾景舟七十寿辰时,作七言绝句一首用以自勉:"五十余载竞抟埴,却忆年华已古稀。鲁阳奋戈犹未晚,愿留指爪踏雪泥。"此后用印"景舟七十后作"、"壶叟"。

1985年

应香港锦锋公司之邀,率蒋蓉、汪寅仙、吕尧臣、周桂珍、李碧芳赴港参展。

1986年

担任企业经营集团高级顾问。

1987年

做《玉璧盖提梁壶》等,任紫砂研究所名誉所长。为故宫博物院鉴定紫砂器。

1988年4月

轻工业部授予"中国工艺美术大师"称号。顾景舟工作室留葛陶中一人,保健医生赵江华业余受顾景舟指导。

1989年

应香港锦锋公司之邀第三次访问香港。做《高僧帽壶》、《如意仿鼓壶》、《此乐壶》,并题写装饰金文释文:晋升为高级工艺美术师。

1990年

参与朱屺瞻先生百岁纪念壶的活动,为艺术顾问。

1991年

3月,在丁蜀镇陶都影剧院召开了"顾景舟教育奖励基金会"创立大会。为家乡的中小学教学捐资20万元。

主编《宜兴紫砂珍赏》一书,由香港三联书店出版,为紫砂历史上第一本紫砂艺人自己编写的专著,至今畅销。

1992年

为锦锋公司紫砂珍品展制《鹧鸪壶》(韩美林书),《福寿凤慧壶》(刘海粟书画)。

邮电部发行四枚紫砂邮票,历史作品为时大彬、陈鸣远、邵大亨作品,而现代选取顾景舟的《提璧壶》。

1993年10月21日~11月6日

顾景舟作为"宜兴陶瓷艺术作品展览会"代表团成员首次访问台湾,受到热烈欢迎。

期间,召开记者会,参观台北故宫、莺歌 及"中国古今名壶珍品展暨王度先生紫砂珍藏展"等。

20世纪90年代

刻印章"生于乙卯"。

1996年6月3日下午4时

因肺气肿导致肺功能衰竭,病逝于宜兴第一人民医院。享年81岁。

抟埴方圆 雪泥留痕——一代紫砂陶瓷艺术大家顾景舟◎后记

清唐英《陶人心语·自叙》中写道："陶人有陶人之天地，有陶人之岁序，有陶人之悲欢离合，眼界心情，即一饮一食，衣冠寝兴，与夫俛仰登眺交游之际，无一不以陶人之心发之于语以写之也。"以陶为毕生事业的工艺大家顾景舟，就如同唐英所尊崇的陶人，仿佛就是为了感应陶之艺术而生的，自17岁从艺开始，生活中的性情脾气到家居饮食，结交朋友，教授艺徒，莳草栽花，处处都与他的紫砂工艺与艺术作品相感应，壶如其人，其人也，亦如其壶。

顾景舟大师生前曾经针对紫砂业内一些虚夸自大的现象说过这样的话："东西好坏自己说是不作数的，自己不用说，我有不会说话的东西留下来"。东西就是紫砂茶壶，顾景舟先生已经仙逝10多年，他留下的作品却依然在紫砂行业内受到热议，受到尊重甚至膜拜。那么，本着顾景舟大师"让东西说话"的原则，多多地从作品出发来编写，应该更为接近顾景舟——一代紫砂壶艺泰斗的本真面目。一定程度上，这也应该成为研究顾景舟紫砂艺术成就的一个主要途径。

笔者在1989~1992年研究生学习期间，跟随顾老先生参与编写《宜兴紫砂珍赏》一书，在顾老身边聆听教诲，也在他的教导下做了不少笔记，而一直到他1996年去世前，笔者每次回宜兴，也总是先到顾老这位既是师尊，更是祖父的亲人家中报到，清茶一杯，谈话往往是以紫砂艺术为中心，其中有一部分是他对于自己艺术人生、作品、技艺和境界追求的阐述。如今翻阅笔记，恨不能时光倒流。

在编写过程中，笔者得到来自紫砂界中国工艺美术大师徐汉棠、徐秀棠、汪寅仙、周桂珍，以及他的学生潘持平、徒弟葛陶中等各位老师的真诚帮助，尤其得到顾老先生的儿子顾燮之先生、儿媳吴菊芬女士的全力支持。同时，在顾老九十诞辰纪念展前后，出版了《景舟壶艺留别录》以及《壶艺泰斗顾景舟》一书，也为研究顾景舟的紫砂艺术做了详细扎实的工作，本书参考了其中的一些资料。而顾老先生作品大多为藏家珍藏，图片的汇集，也大多来自收藏家的真诚赠予，如台湾江庆书先生、黄健亮先生、黄怡嘉女士就对本书给予大力支持。种种帮助，一并表示感谢！同时，笔者在编写中深感才疏学浅，虽然成书，唯恐心有余而力不足，愧对顾景舟先生，也使与我一样热爱和尊敬顾老先生的朋友们失望，在此，先作声明，真诚期待批评指正。

高英姿　2010年2月于南京幕府山庄

（作者系南京师范大学美术学院陶瓷研究所所长、教授）

2010年3月，笔者与朱江龙先生造访顾景舟住处搜集书稿资料，顾景舟儿子顾燮之、儿媳吴菊芬提供帮助

本书是"2006年江苏省高校哲学社会科学基金资助项目"，课题名称为：紫砂传统手工艺体系和造型体系的流变及文化内涵研究。项目批准号为：06SJB760010

主要参考书目

［1］《砂壶集》，海洋紫砂陶艺公司编，远东出版社（中国香港）。

［2］《器皿之心》，高振宇、徐徐编著，人民美术出版社，2005年1月版。

［3］《宜兴紫砂珍赏》，顾景舟主编，徐秀棠、李昌鸿副主编，三联书店（香港）
有限公司，1992年版。

［4］《周桂珍紫砂精品集》，周桂珍编，天津人民美术出版社，2001年5月版。

［5］《紫砂春华》，香港艺术馆编制，香港市政局出版，1988年版。

［6］《壶锦》，赵锦编，锦锋公司出版（中国香港），1985年版。

［7］《紫韵雅玩》，黄怡嘉、李富美主编，天地方圆杂志社出版（中国台湾），
2008年10月15日版。

［8］《中国陶瓷——宜兴紫砂》，中国陶瓷编辑委员会编，上海人民美术出版社，
1989年8月版。

［9］《紫砂泰斗顾景舟》，徐秀棠、山谷著，上海古籍出版社，2004年9月版。